DARLEHNSKASSEN
FÜR STUDIERENDE
IN ALLER WELT

Eine Studie über neue Wege der Finanzierung im Stipendienwesen verschiedener Länder

von

HEINRICH G. MERKEL

unter Mitarbeit von Dr. Karl Epting

Herausgegeben vom

WELTSTUDENTENWERK

Abteilung für Studentische Selbsthilfe und Gemeinschaftsarbeit

GENF

Archiv-Nr. 640122

Vorwort

Die vorliegende, von der Abteilung für Studentische Selbsthilfe und Gemeinschaftsarbeit des Weltstudentenwerks herausgegebene Schrift behandelt grundlegende Probleme des Stipendienwesens, wie sie heute im Zusammenhang mit den sozialen Umschichtungen und mit den immer größer werdenden wirtschaftlichen Hemmungen für das akademische Studium in den verschiedensten Ländern lebhaft besprochen werden. Einen Beitrag zu dieser Diskussion zu geben und zugleich auf vorhandene Lösungen hinzuweisen, ist die Aufgabe dieser Schrift. Sie geht dabei von der Voraussetzung aus, daß im Vergleich des Aufbaus und der Arbeit der einzelnen Darlehnskassen Anregungen liegen, die geeignet sind, auf die Durchführung ähnlicher Maßnahmen in anderen Ländern entscheidend einzuwirken. Sie will nicht alle bestehenden Institute erfassen. Von vornherein wurden Kassen, die kurzfristige Darlehen gewähren, in Deutschland, Polen, der Tschechoslowakei und Einrichtungen, über deren Erfolg kein klares Bild zu gewinnen war, wie z. B. in Spanien und Schottland, unberücksichtigt gelassen. Die genauere Schilderung der „Darlehnskasse des Deutschen Studentenwerks", die nach Umfang der Mittel und nach ihrer Stellung in der nationalen Stipendienwirtschaft wohl die bedeutendste Darlehnseinrichtung für Studierende überhaupt darstellt, entsprang dem Wunsche, an Hand eines praktischen Beispiels das Funktionieren einer Kasse bis in die feinsten Einzelheiten des Arbeitsganges zu verfolgen. Der Anhang bringt eine Reihe von Statistiken, Formblättern und Typenbriefen, die ebenfalls praktischer Anregung dienen sollen.

Das Weltstudentenwerk ist Herrn Heinrich G. Merkel, dem Leiter der „Darlehnskasse des Deutschen Studentenwerks" zu großem Danke dafür verpflichtet, daß er trotz seiner starken Inanspruchnahme durch die Verwaltungsgeschäfte der deutschen Darlehnskasse die Ausarbeitung der Schrift übernahm. Es hofft, daß diese Mühe sich lohnen wird und daß die Veröffentlichung ihren Zweck erfüllt, Anregungen zu geben für das wichtige studentische Selbsthilfewerk in den verschiedenen Ländern.

Genf, im März 1932. WELTSTUDENTENWERK.

INHALT

Abkürzungen im Text:

Daka = Darlehnskasse; D = Darlehen; K = Kapital; Z = Zinsen; R = Rückzahlung; Dn = Darlehnsnehmer; HF = Harmon Foundation; Zw = Zweigstelle; HVR = Hauptverrechnungsstelle.

Grundsätzliches

Der Krieg und die ihm folgenden gesellschaftlichen Umschichtungen haben für viele Länder im Bereich des akademischen Lebens zu einer veränderten grundsätzlichen Haltung gegenüber dem vorhandenen Stipendienwesen und als Folge davon vielfach zu seinem Umbau geführt. Vor dem Kriege war es einem verhältnismäßig beträchtlichen Teil der Studenten möglich, ihr Studium aus den Mitteln der Eltern zu finanzieren, da sie — wie aus den spärlich vorhandenen Zahlenaufstellungen zu schließen ist — meist aus den bessergestellten bürgerlichen Schichten stammten. Falls eigene Mittel nicht ausreichten, standen öffentliche und private Stiftungen mit ausreichendem Kapital zur Verfügung, die ihre Mittel fast ohne Ausnahme à fonds perdu ausgeben konnten. Die Inflation jedoch zerschlug in einer Reihe von Ländern diese Kapitalien und zwang zum Neuaufbau des Unterstützungswesens an den Hochschulen. Anderseits wurde in den durch die Friedensschlüsse nach dem Weltkriege neu geschaffenen Staaten zur Erziehung einer akademischen Schicht die Entwicklung ganz neuer Methoden der Studienhilfe notwendig, da die Geldmittel hierfür weder in genügender Höhe, noch so schnell wie erforderlich aufgebracht werden konnten. Besonders fiel dabei ins Gewicht, daß nunmehr die Söhne und Töchter aus sozialen Gruppen in großer Zahl zum Studium drängten, die bisher von den Hochschulen so gut wie ausgeschlossen gewesen, selbst aber außerstande waren, die nötigen Mittel aufzubringen.

So entstanden damals in verschiedenen Ländern Selbsthilfeeinrichtungen der Studentenschaften, die sich zunächst zum Ziel setzten, soweit wie möglich die allgemeinen Lebenshaltungskosten zu senken und dem Studierenden Gelegenheiten zum Erwerb des eigenen Lebensunterhalts zu vermitteln. Studentenrestaurants (mensae academicae) und studentische Werkbetriebe wurden ins Leben gerufen. Der Gedanke des Werkstudententums, über Nordamerika nach Europa gekommen, fand da und dort lebendige Verwirklichung.

Eine besonders wichtige Form dieser studentischen Selbsthilfe aber wurden die Kassen für kurz- und langfristige Darlehn. Die Hauptformen der letzteren bilden den Gegenstand der vorliegenden Schrift. Inzwischen hat sich der Gedanke des studentischen Darlehns über die Gebiete seiner Entstehung hinaus ausgebreitet, so daß bereits mehrfach in Ländern, deren Stipendienmittel durch Kriegs- und

Nachkriegszeiten hindurch unversehrt blieben, alte Stipendienfonds in Darlehnskassen umgewandelt wurden.

Ideelle und materielle Werte verbinden sich bei Hingabe eines Darlehns in glücklichster Weise; die vielerlei Erwägungen, die zum Aufbau der Darlehnseinrichtungen führten, lassen sich auf zwei Hauptmotive zurückführen. Die pädagogisch wertvollen Auswirkungen einer Unterstützungsform, die ihrer eigenen Natur nach keinen karitativen Charakter trägt, sondern eine entscheidende Förderung des Selbsthilfewillens der Studierenden bedeutet, sind einmal häufig der Ausgangspunkt für eine Entscheidung zugunsten des Darlehns gegenüber einem Stipendium gewesen. Die anderen Überlegungen gehen von wirtschaftlichen Erfordernissen aus. Der Nutzeffekt des vorhandenen Kapitals kann gegenüber den Stipendienfonds erheblich gesteigert werden. Es gelangt nicht mehr nur die jährliche Rendite, sondern das gesamte Kapital im Laufe der Zeit zur Ausgabe. Die erforderlichen Geldmittel können darüber hinaus sukzessive entsprechend den Kreditbedürfnissen in den einzelnen Jahren angesammelt werden. Daß für die Bewilligung der Darlehn dieselben inneren Grundsätze wie für das Stipendium gelten und tatsächlich auch angewandt werden, ergibt sich aus der erhöhten Verantwortung, die angesichts der heutigen gesellschaftlichen Umwälzungen auf den Stellen ruht, die Gelder an Studierende ausgeben.

Auch das Darlehn unterliegt den Forderungen nach strenger Auslese der zu unterstützenden Studierenden. Es darf nur solchen unbemittelten Persönlichkeiten zugute kommen, die sich einer Förderung durch den Nachweis wissenschaftlicher Fähigkeiten und persönlicher Tüchtigkeit würdig erwiesen haben. Es soll sein ein „crédit à l'intelligence", wie es Herriot in der Debatte über die Gründung des französischen Darlehnsinstituts in der Kammer formulierte. Die Gründe hierfür liegen nicht nur in Erwägungen bildungspolitischer, sondern ebenso kreditpolitischer Art, da die Begabung des Studierenden die einzige Sicherheit darstellt, die er selbst bei seiner Mittellosigkeit zu geben vermag. Die Auslese muß deshalb, von der Darlehnskasse aus gesehen, diejenigen Eigenschaften des Gesuchstellers berücksichtigen, durch die ein späterer beruflicher Erfolg mit einiger Wahrscheinlichkeit zu erwarten ist. Die Maßstäbe werden sich dabei nach den einzelnen Ländern wesentlich unterscheiden. Allen gemeinsam aber wird, abgesehen von der Betonung wirtschaftlicher und charakterlicher Gesichtspunkte bei der Auswahl, die Orientierung nach dem späteren Beruf und nach den gegenwärtigen wissenschaftlichen Fähigkeiten und Leistungen sein. Die meisten Kassen haben ein strenges System für die Prüfung der Gesuchsteller entwickelt, manche haben eigene Examina eingeführt, deren Bestehen die alleinige Berechtigung zur Aufnahme eines Darlehns gibt.

Auch die Bestimmungen über Ausgabe, Rückzahlung und Verzinsung unterscheiden sich wesentlich voneinander, da sie naturgemäß mit den Studien- und Lebensverhältnissen der verschiedenen Hochschulen und Länder in Einklang stehen müssen. Sie gehen jedoch alle von Voraussetzungen aus, die für eine studentische Darlehnskasse als solche maßgebend sind und deren richtige Beachtung erst ihr Funktionieren ermöglicht. So ist die Frage, ob die Hilfe schon vom ersten Studienjahre an oder erst nach mehreren Studiensemestern einsetzen soll, von größter Bedeutung. Im ersteren Fall kann die Gefahr entstehen, daß der betreffende Absolvent der Hochschule beim Eintritt in seine eigentliche Berufslaufbahn mit einer Schuld belastet ist, die seine Entwicklung stark hemmt. Anderseits kann die Ausgabe von Darlehn erst in späteren Semestern nur dann einsetzen, wenn der Beginn der Studienzeit durch studentische Selbsthilfeeinrichtungen oder Stiftungen gesichert ist. Sonst würde die Auslese der Darlehnskasse notwendigerweise der Grundlage und deshalb Folgerichtigkeit entbehren. Ähnlich wichtig ist die Frage nach der Höhe des Darlehns, da zwischen den Wünschen des Darlehnsnehmers — die sich in Unkenntnis der späteren Berufsverhältnisse oft auf eine allzu starke Erleichterung der augenblicklichen Situation richten — und dem Existenzminimum ein großer Spielraum besteht.

Die Frage der Verzinsung ist von den einzelnen Kassen sehr verschieden gelöst worden, je nach ihrer Entstehung und ihrem Aufbau. Soweit die vorhandenen Beispiele jedoch erkennen lassen, besteht beinahe überall die Auffassung, daß die Erhebung eines angemessenen Zinses erforderlich ist. Sie bedeutet einmal eine Sicherung für die Kasse selbst, da die Zinseingänge für die Deckung der Geschäftsunkosten und zur Bildung eines Reservefonds zur Verfügung stehen. Ferner kann durch die periodischen Zinszahlungen eine dauernde Verbindung mit dem Darlehnsnehmer auch über die Lauffrist seines Darlehns hinaus aufrechterhalten werden. Den wichtigsten Erfolg derartiger Beziehungen stellt die Stärkung der Verantwortlichkeit des einzelnen der Kasse und damit späteren Darlehnsnehmern gegenüber dar.

Die Rückzahlungsfrist hängt von den beruflichen Verhältnissen in den einzelnen Ländern ab, da die Kasse darauf sehen muß, den jungen Akademiker, der durch den Aufbau seiner Berufsexistenz an sich schon finanziell in Anspruch genommen ist, nicht durch zu kurzfristige Rückzahlungsforderungen allzusehr zu belasten. Sechs bis zehn Jahre Lauffrist vom Abschluß des Studiums oder bei Darlehnskassen, die erst in höheren Semestern Darlehn ausgeben, von der Ausgabe des Darlehns an, haben sich überall als notwendig erwiesen. Auch eine allzulange Rückzahlungsfrist ist ungünstig, da naturgemäß mit größerer zeitlicher Entfernung von der Hochschulzeit die Aufrechterhaltung der Verbindung mit dem Darlehnsnehmer und die Eintreibung der Darlehnsforderungen — vor allem bei zinslosen Darlehn — mehr und mehr erschwert werden. Um solchen Schwierigkeiten zu begegnen, haben die meisten Kassen genaue Rückzahlungspläne vorgesehen, von denen nur in außerordentlichen Fällen abgegangen wird. Zum Teil ist die Rückzahlungsquote von der Höhe des jeweiligen Einkommens abhängig.

Wie schon oben angedeutet, bringt es der besondere Charakter des studentischen Darlehns mit sich, daß eine Sicherung der ausgeliehenen Mittel mehr in der sorgfältigen Auslese des Personenkreises als in sonstigen Maßnahmen gesucht werden muß. Die belgischen und französischen Kassen verzichten z. B. auf jede weitere

Sicherheit nach Ausfertigung eines einfachen Schuldscheines und Abgabe eines ehrenwörtlichen Versprechens, das Darlehn zurückzuzahlen. Andere verlangen die Stellung eines oder mehrerer Bürgen, in vielen Fällen ist man außerdem dazu übergegangen, den Abschluß von Lebensversicherungen in Höhe der Darlehnssumme zu verlangen. Diese juristischen Sicherungen haben jedoch mehr den Sinn, die Kasse vor Zufällen zu schützen, die nicht im Willensbereiche des Darlehnsnehmers stehen. Denn die Grundlage dieser Art des Personal-Kreditgeschäftes bleibt das vertrauensvolle solidarische Zusammenwirken von Darlehnsgeber und Darlehnsnehmer.

Für ein solches Zusammenwirken ist der Aufbau der Kasse und ihre Organisationsform nicht ohne Bedeutung, da Selbstverwaltung oder Mitverwaltung der Studierenden das persönliche Verantwortungsbewußtsein des einzelnen durch das Gefühl der Gemeinsamkeit stärkt und ihm seine Aufgabe späteren studentischen Generationen gegenüber ins Bewußtsein ruft. Die meisten hier beschriebenen Darlehnskassen haben die Frage ihres Aufbaues im Sinne der Mitwirkung der Studentenschaft gelöst, ob nun ihre Verfassung vereinsmäßigen oder genossenschaftlichen Charakter trägt.

Eine studentische Darlehnskasse kann durch die ihr gesetzte Aufgabe der Förderung der Begabtenauslese und des sozialen Aufstiegs, durch ihre rechtliche Form, die eine Zusammenfassung all der verschiedenen Kräfte der Hochschule und des öffentlichen Lebens ermöglicht, mitwirken an dem Neuaufbau einer ihre geistigen und materiellen Angelegenheiten selbständig regelnden Hochschulgemeinschaft, wie sie zeitweilig verloren, heute als Forderung erneut lebendig wird. Und dies ist, über die materiellen Ziele hinaus, vielleicht der eigentliche Sinn solcher Einrichtungen, von dem allerdings auf den folgenden Seiten nicht gesprochen wird.

Darlehnskassen für Studierende, praktische Beispiele

HARMON FOUNDATION

Amerika (Vereinigte Staaten)

Die Vereinigten Staaten von Nordamerika sind ein junges Land, unbeschwert von alten Traditionen. Noch verspürt man in den Lebensäußerungen ganzer Landesteile den Pioniergeist der Kolonisationszeit. Der Dollar wurde weithin zu Maßstab und Wertmesser. Die Hochschulen haben ihre jetzige Form im wesentlichen angelsächsischen Vorbildern zu verdanken. Das Collegesystem mit seiner äußeren Gebundenheit herrscht vor. Die Förderung und Entwicklung des höheren Schulwesens und der wissenschaftlichen Forschung ist fast ausschließlich privaten Geldmitteln zu verdanken und auch überlassen worden. Das gleiche gilt für die zahlreichen Stipendienfonds. Geistige Grundlagen

Deutschland, als Gegenbeispiel, hat eine kulturelle Entwicklung von Jahrhunderten hinter sich und ist belastet mit Traditionen. Es liegt seit je im Schnittpunkt der europäischen Wege — auch in geistiger Hinsicht. Das liberale Frankreich auf der einen, Rußland auf der anderen Seite. Erziehung, Unterricht und wissenschaftliche Forschung sind fast ausschließlich Staatsangelegenheit. Die Hochschulen verfügen über eine alte Tradition, das Lehrsystem ist in langer Entwicklung gewachsen und gekennzeichnet durch die „akademische Freiheit". Der Akademiker fühlte sich einem „Stand" angehörig, er war der „Offizier des Zivils". Der Weg des „Aufstiegs" führte über die Hochschule in eine pensionsfähige Stellung.

Eine Darlehnskasse für Studenten — werdende Akademiker — muß diese Verschiedenheit der geistigen Voraussetzungen in Amerika und Deutschland bei ihrem Aufbau und bei ihrer Zielsetzung widerspiegeln. Es wäre um so reizvoller, den Unterschiedlichkeiten nachzuspüren, als die gemeinsame klare Aufgabe anderseits eine starke zentrale Kraft darstellt, die zu zahlreichen gleichartigen Maßnahmen zwingt. Diese Unterschiede und Gemeinsamkeiten werden klar hervortreten. Gelegentlich wird auch darauf aufmerksam gemacht werden können. Die praktischen Zwecke der Abhandlung zwingen jedoch zu Kürze und nüchterner Tatsachendarstellung. Jeder Leser wird von sich aus entscheiden müssen, welche Organisationsform in seiner

Heimat auf Grund deren Einstellung zu Student und Hochschulbildung für eine studentische Darlehnskasse in Frage käme, wenn deren Errichtung einmal zur Diskussion gestellt werden sollte.

Kurze Charakteristik der Harmon Foundation

Der ausführlichen Darstellung der HF sei vorangestellt eine kurze, zusammenfassende Charakteristik, die ihre besondere Eigenart klar herausarbeitet. Die weiter unten geschilderten Maßnahmen stellen eine notwendige Folge dieser Grundhaltung dar.

Die HF ist eine auf privater Initiative beruhende, durch privates Kapital ins Leben gerufene Bank (Gesellschaft auf gemeinnütziger Grundlage), die mit Unterstützung örtlicher Stellen in erster Linie aus wirtschaftlichen Gründen, aber auch aus pädagogischer Überzeugung auf Grund zentraler Entscheidungen Darlehn an Studierende vergibt. Sie erhebt den Anspruch, daß ihre Darlehn in nichts Krediten nachstehen, die nach kaufmännischen Grundsätzen gegeben werden, läßt sie normal verzinsen und verschafft sich die erforderliche Sicherung gegen Verluste durch einen 10prozentigen Zuschlag zur Kapitalschuld. Die Kreditpapiere (Schuldurkunden) werden als ausreichende Grundlage für eine Diskontierung angesehen.

Gründung, Aufgaben

Gegründet wurde die HF im Februar des Jahres 1922 als gemeinnützige Gesellschaft (none-profit membership corporation under the laws of the State of New York). Ihre Aufgaben sind: Pflege und Förderung caritativer, pädagogischer und philantropischer Aufgaben. Die Gesamtarbeit ist in vier Abteilungen aufgeteilt, deren wichtigste allmählich die Ausgabe von Darlehn an Studierende geworden ist. Ihre Entstehung verdankt diese Arbeit kaufmännischen, sozial-ethischen und pädagogischen Erwägungen im Gegensatz zur Darlehnskasse des Deutschen Studentenwerks, die als Selbsthilfeorganisation aus dem Willen der Beteiligten zum gemeinsamen Werk herausgewachsen ist. Die Abteilung der HF, die Darlehn an Studierende vergibt, ist

Andere Darlehnskassen

nicht die einzige und nicht die größte derartige amerikanische Darlehnskasse. Sie ist jedoch die aktivste, diejenige, die ihr System wohl am weitgehendsten durchgearbeitet hat und die für einen Zusammenschluß aller bestehenden Kassen unermüdliche Vorarbeit leistet. Durch eine von ihr ausgehende Umfrage bei 588 Colleges und 2000 Organisationen wurden im Jahr 1925 in den USA. an 362 Colleges 918 verschiedene Fonds festgestellt, die nach den allerverschiedensten Grundsätzen Darlehn ausgeben. Etwa $ 5.300.000,— stehen für diese Zwecke zur Verfügung, von denen jedoch nur 50 % ausgeliehen sind.

Wirtschaftliche Grundlagen

Den entscheidenden Gesichtspunkt für die Überlegung des Kaufmanns stellt bei einem Kredit die Höhe des Risikos dar, ein Maßstab, der auch an die Studentendarlehn angelegt wurde. Für diese Einstellung sind Herkunft und Vorbildung des Gründers der HF von großem Einfluß gewesen. Er hat 25 Jahre lang Erfahrungen im Ratenzahlungsgeschäft und bei persönlicher Ausleihung von Geldmitteln sammeln können. Es ist aber auch kein Zweifel, daß die geistigen Voraussetzungen für eine derartige Haltung in den Vereinigten Staaten besonders günstig sind. Von diesem Standpunkt aus sieht nun die HF auch bestimmte Mängel im amerikanischen Collegewesen, die dringend einer Abhilfe bedürften und deren Beseitigung die Voraussetzung bilde für eine weitere günstige Entwicklung der Ausgabe von Darlehn an Studenten. Es zeigt sich später, daß ein derartiges, rein kaufmännisch orientiertes Interesse nach größtmöglicher Einschränkung jeden Risikos zu ähnlichen Forderungen für Reform und Ergänzung des Collegeunterrichts führt, wie die überwiegend von der Hochschulseite her beeinflußte Haltung der Arbeit anderer Länder.

Ideelle Grundlagen

Es wird gesagt, die bisherige Form der Collegeerziehung vernachlässige die Erfassung bestimmter Eigenschaften des Studenten sowie deren Fortbildung, die jedoch für eine Kreditgewährung und damit für die Beurteilung seiner späteren Berufsaussichten sehr maßgebend seien. Die Vermittlung schulmäßiger Kenntnisse und die Erziehung zu sportlicher Tüchtigkeit reichten bei weitem nicht aus, einen Menschen lebenstüchtig zu machen und ihm nach Verlassen des College auch eine Stellung zu sichern. Die bisherigen Disziplinen bedürften dringend einer Ergänzung durch Schaffung einer neuen Abteilung, die in der Lage sei, die Gesamtpersönlichkeit des Studenten zu erfassen. Das Studium werde nach der „Brillenmethode" betrieben. Das gesamte Collegesystem versage in diesem Punkt. Die Aufgabe der neuen Abteilung sei die Beratung und Unterrichtung in persönlichen Angelegenheiten auch finanzieller Natur, die Berufsberatung, Arbeitsmarktforschung und schließlich Stellenvermittlung. Diese bisher nirgendwo bestehende Fakultät sei die wichtigste überhaupt, sie könne eine Prüfung der Neueintretenden in der Art, wie die HF später vorgehe, schon am Anfang des Studiums vornehmen und Ungeeignete von Anfang an fernhalten. Eine Änderung des gesamten höheren Unterrichtswesens werde am Ende dieses Weges stehen.

In der teilweisen Finanzierung des Studiums durch Darlehn sieht die HF eine bis jetzt unerschlossene Möglichkeit einer äußerst wertvollen und sicheren Kapitalsanlage. Gedacht ist in der Hauptsache an D für Werkstudenten. Die Hingabe von Geldmitteln à fonds perdu wird abgelehnt. Das bisherige Unterstützungswesen schwäche den Charakter und schaffe einen Armuts- und Minderwertigkeitskomplex. „Danksagungen würden zum Geldbeutel der Armen." Jeder caritative oder väterliche Anstrich soll dieser Arbeit genommen werden. Ein systematisches Zusammenwirken aller schon jetzt an den Hilfsmaßnahmen beteiligten Stellen lasse die letzte Möglichkeit — eine Selbstfinanzierung der Bildung — am Horizont auftauchen.

Kaufmännische Grundlagen

Gedacht wird daran, daß die Hochschulen ihr eigenes Vermögen in Studenten-D anlegen — (Verzinsung der Studentendarlehn 6 %, der amerik. Hypothekenpfandbriefe 2 % bis 4 %) — und sich bei Bedarf durch Diskontierung — (Diskont Juli/August 1931 1½ % in USA., Deutschland 7 %) — dieser Papiere Geld verschaffen sollen. Die Verzinsung der Studenten-D beträgt also das Vierfache des Diskontsatzes. Hinzu kommt die Aussicht, bisherige Erlasse an Hörgeld und Gebühren in Stundungen umwandeln und dadurch Ausfälle im Budget des einzelnen College vermeiden zu können. In diesen Ideen wird die kaufmännische Grundlage der HF besonders deutlich, ihre Verankerung in der „prosperity" jedoch gleichfalls. Eine blühende Wirtschaft und niedrige allgemeine Zinssätze bilden die Voraussetzungen für eine Bewährung derartiger Pläne in der Wirklichkeit. Die Zusammenfassung aller Geldmittel in einer Nationalbank für Studenten wird innerhalb einer verhältnismäßig kurzen Zeit als Krönung des ganzen für möglich gehalten. Man nimmt an, daß die endgültige Bestätigung der guten Erfahrungen der HF mit diesem Personalkreditgeschäft die Entwicklung entschieden fördern würde. Ein wichtiger Schritt ist durch das Massachusetts Institut of Technology schon getan worden, das einen Fonds von 10 Millionen Dollar zur Ausgabe von Darlehn an Studierende seiner Hochschule zur Verfügung gestellt hat. Die Hauptschwierigkeit liegt aber wohl in der Tatsache, daß es allen großen Geldgebern heute noch unmöglich erscheinen dürfte, Geldmittel auf die erforderlichen langen Fristen von 8 bis 9 Jahren im Personal-Kredit-Geschäft festzulegen.

Nationalbank für Studenten

Die Leitung der HF befindet sich in den Händen des Präsidenten W. Burke Harmon; die praktische Arbeit in der Darlehnsabteilung wird von Mary Beattie Brady als Direktor und Evelyn S. Brown als Assistent Secretary geleistet. An leitender Stelle sind noch tätig: Helen G. Harmon (Vice President). Anna E. Males (Treasurer); Mrs. William Harmon; Mary Harmon Nason; Irma Connell Harmon; Helen Griffiths Harmon; Marjorie Griffiths; Kenneth F. Duncan; Samuel Mc. Anne Lindsay (Economic Adviser).

Mit einer Veröffentlichung: Application of Business. Principles to Student Loans — An Experiment (HF No. 2. Stud. Loan Nr. 1) wandte sich die Stiftung erstmals an die Öffentlichkeit und versuchte für ihre Gedanken Verständnis zu werben. 88 Colleges fragten daraufhin bei ihr an, aber nur 20 entschlossen sich damals zu einer Beteiligung. Im Laufe der Jahre hat sich diese Zahl wesentlich erhöht.

Zusammenarbeit mit Colleges

Jedes College, das unter Mitwirkung der HF Darlehn ausgeben will, stellt einen dahingehenden Antrag an sie und muß sich auf die sehr eingehenden Verwaltungsgrundsätze schriftlich festlegen. Von 242 Colleges, die bis 1926 wegen einer Beteiligung angefragt hatten, kam mit insgesamt 54 eine Zusammenarbeit zustande; Ende 1930 sind es 125 Colleges. Zu den Voraussetzungen für eine Beteiligung gehört vor allem die Einsetzung eines Darlehnskassen-Ausschusses durch das College (Loan-Committee). Ihm müssen drei Professoren angehören. Wenn ein Ausschuß schon besteht, der sich mit der Fürsorge für Studenten befaßt, wird dringend empfohlen, alle Arbeiten — auch die Vorarbeiten für die HF — in ihm zusammenzufassen. Eine finanzielle Haftung übernimmt das College in der Regel nicht; dagegen wird die persönliche Bindung des Studenten an das College später dazu benutzt, um ihn durch den Vorsitzenden des Ausschusses mahnen zu lassen, wenn er mit seinen Zahlungen längere Zeit in Rückstand gerät.

Verwaltungsaufbau

Für die Arbeit der örtlichen Stellen werden sämtliche Formulare zentral zur Verfügung gestellt. Der Student reicht sein Darlehnsgesuch in zwei Exemplaren bei dem Vorsitzenden des Ausschusses ein; das von dem Ausschuß geprüfte und befürwortete Gesuch wird dann der HF eingesandt. Hier wird die endgültige Entscheidung gefällt. Bei bewährten Colleges beschränkt man sich auf Stichproben. Abgelehnt werden müssen etwa 8 % bis 10 % der Gesuche. Drei Verträge und ein Fragebogen für den Studenten gehen nach endgültiger Bewilligung an das College ab. Hierauf werden alle 4 Formulare an die HF zurückgesandt, die nun ihrerseits unterzeichnet und 2 Exemplare des Vertrages nebst einem Scheck zur Auszahlung an den Vorsitzenden des Darlehns-Ausschusses zurücksendet. Die Auszahlung kann vor allem wegen der Zinsersparnis für den Dn in zwei Raten erfolgen. Die Verzinsung beginnt am Tage der Auszahlung. Am Ort sind durchweg ehrenamtliche, unbezahlte Kräfte tätig, während die nunmehr einsetzende Verwaltung der ausgegebenen Darlehn berufsmäßig geschulten Angestellten in der Zentrale überlassen ist. Der Aufbau dieses äußeren Rahmens der Verwaltung ist also denkbar einfach. Die einzelnen Formulare und Unterlagen sind dagegen teilweise sehr eingehend. Hierauf kommen wir später noch zu sprechen.

Die Geldmittel für die Ausgabe von Darlehn werden dem Vermögen der Stiftung entnommen oder stammen zum geringeren Teil von Colleges, die nach einem besonderen Plan mit der Stiftung zusammenarbeiten (s. u.) und von Darlehnsfonds, deren Verwaltung der HF übertragen worden ist (bis 1926 etwa 30). Die im Laufe von 9 Jahren ausgeliehene Gesamtsumme beträgt rd. $ 650 000,—, von denen rd. $ 250 000,— zurückgezahlt sind. Das investierte Kapital kann auf $ 350 000 bis 400 000,— geschätzt werden, dessen überwiegender Prozentsatz (schätzungsweise 90 %) von der HF stammt. Finanzen

Die Darlehnsausgabe der Harmon-Foundation 1922—1930

Jahr	Anzahl der beteiligten Hochschulen	Anzahl der Darlehn	Betrag $	Durchschnittssumme für ein Darlehn
1922/23	20	168	26 535.—	158.—
1923/24	52	313	52 395.—	168.—
1924/25	35	282	47 217.—	167.—
1925/26	40	402	67 085.—	167.—
1926/27	68	558	82 027.—	165.—*
1927/28	92	1415	262 961.—	185.—
1928/29	106			
1929/30	59	—	109 800.—	—
			648 020.—	

*) Genauere Angaben liegen leider nur für die Zeit bis 1926 vor. Bis 1930 wurden sie im November 1929 angezeigt. Sie sind aber nicht erschienen. Alle Zahlen können für die spätere Zeit deshalb nur unter Vorbehalt angegeben werden.

Bis zum November 1929 haben von 3138 Dn (davon rd. 20 % Frauen) 963 ihre D zurückgezahlt, 643 ohne alle Schwierigkeiten (66 %). Die durchschnittliche Umlaufszeit eines D beträgt etwa 5 Jahre, die durchschnittliche Höhe rd. $ 170,—.

Der Kapitalverlust ist bisher sehr niedrig und wird bis zum Dezember 1929 mit rd. 2 % beziffert. Über die Verwaltungskosten und ihr Verhältnis zu den Einnahmen bzw. zu dem verwalteten Kapital ist nichts bekannt.

Ausgabe der Darlehn

Bei der Ausgabe der D wird nach bestimmten Verwaltungs-Grundsätzen verfahren, für die das Ausmaß der verantwortlichen und finanziellen Beteiligung des College selbst entscheidend ist. Vier Möglichkeiten sind vorgesehen, die sich hinsichtlich der formellen Bedingungen — vor allem wohl wegen des verschiedenartigen Risikos — voneinander unterscheiden.

1. Der Harmon Student Loan Fund („Original-Plan").
2. Der Harmon College Cooperative Fund.
3. Der Harmon Special Student Loan Fund.
4. Der Harmon German Student Loan Fund.

Original Loan Fund

Der Harmon Plan stellt den „Normaltyp" der Darlehnsausgabe dar. Nach seinen Grundsätzen werden seit 1922 D ausgegeben. Er ist dem vorstehend geschilderten Ablauf der Darlehnsbewilligung zugrunde gelegt. Die Geldmittel werden hierbei von der HF allein zur Verfügung gestellt. Die Beteiligung des College ist im wesentlichen eine moralische.

Rückzahlungsraten

Zinszahlung

Die Höchstsumme, die im Rahmen des „Original-Plan" für einen Studenten je Semester ausgegeben wird, beträgt $ 250,—. Für alle Semester beläuft sich der Höchstbetrag für einen Dn auf $ 500,—. Studierende jeden Studienalters können hier ein D erhalten. Die Rückzahlungsraten beginnen sofort nach Verlassen des College mit je $ 5,— im Monat und steigen nach 12 Monaten auf je $ 10,—. Verläßt der Dn das College ohne Examen, so beginnen die Zahlungen schon 3 Monate später. Aus pädagogischen Gründen soll außerdem eine Erinnerungsgebühr von $ 1,— an jedem 1. 12. gezahlt werden, bis die normalen Raten begonnen haben. Sind die bis zum Beginn der Ratenzahlungen aufgelaufenen Zinsen nach Ende der 5-$-Zahlungen nicht getilgt, treten zu den $ 10,— noch $ 5,— hinzu bis zur völligen Tilgung der aufgelaufenen Z. Die monatlichen Raten steigen ferner 3 Jahre nach Beginn der 10-$-Raten von $ 10,— auf $ 20,— je Monat usf. um je $ 10,— monatlich in jedem weiteren Jahr, in dem das D noch nicht voll zurückgezahlt ist. Die äußerste Rückzahlungsfrist liegt fünf Jahre nach Beginn der ersten Ratenzahlung. Die eng aufeinanderfolgende Ratenzahlung ist strengster Zwang und soll die wichtigste Sicherung gegen Ausfälle bieten. Vorauszahlungen unterbrechen in keinem Fall die Zahlungen um mehr als 3 Monate, da die Verbindung mit dem Dn nur so aufrechterhalten bleiben kann. Die Z betragen 6 % auf alle Schuldensalden. Es werden demnach auch Zinseszinsen berechnet, jedoch nur von dem bar ausgezahlten Kapital, nicht auch vom „Garantiefonds".

Sicherung gegen Verluste

Um eine Sicherung gegen Ausfälle zu schaffen, zahlt nämlich jeder Dn 7 % im „Normal"-Plan — 10 % in den anderen — der von ihm entliehenen Darlehnssumme in einen Garantiefonds ein. Diese Zahlungen sind im D-Vertrag mit vereinbart. Sie werden wie Spenden behandelt und — soweit nicht durch Verluste verbraucht — mit

6 % Zinsen wieder ausgezahlt. Die Schuldner auf der Grundlage jeden „Planes" werden jahrgangsweise für sich zu einer Gruppe zusammengefaßt.

Diese Form der Deckung von Ausfällen wird mit dem Hinweis gerechtfertigt, daß sie die juristisch einfachste und billigste sowie gleichzeitig die pädagogisch wertvollste sei. Die Haftung aller Darlehnsnehmer für die Säumigkeit eines einzelnen stellt weiterhin auch ein wichtiges Mittel dar, die Wirkung der Mahnungen durch das Eingreifen der anderen zu steigern. Bürgschaften oder sonstige Sicherheiten werden nicht verlangt. Die bisher sehr niedrige Verlustquote von 1 % bis 2 % hat dazu geführt, daß die Zinsen des Garantiefonds (6 %) dazu ausreichten, die Verluste der ersten Gruppe (1922/23) zu decken, so daß das eingezahlte K voll zurückgegeben werden konnte. Schwierigkeiten könnten später einmal dadurch entstehen, daß die Endabrechnung frühestens nach 5 Jahren, in der Regel wohl aber erst nach 8 oder 9 Jahren gegeben werden kann. Praktisch sind jedoch Unzuträglichkeiten hieraus bisher nicht erwachsen. Diese Lösung kann also für ein Land wie Amerika — (juristisch schwierig konstruierte Bürgschaft, starke Bindung an das College) — als durchaus geglückt bezeichnet werden. Im Jahre 1929—1930 wurden nach den vorstehend geschilderten Grundsätzen an 30 Colleges $ 63 800,— ausgegeben.

Auf der Grundlage des „Coop"-Planes wurden zur gleichen Zeit an 20 Colleges $ 46 000,— bewilligt. Dieser „Plan" wurde 1926 in Kraft gesetzt. Der Grund für seine Einführung ist wohl darin zu suchen, daß eine bessere Risikoverteilung bzw. eine Verminderung desselben für die HF erzielt werden sollte. Ferner sollte aber auch verhindert werden, daß von der HF auf dem Umweg über das Darlehn lediglich die Collegegebühren bezahlt wurden. Die Hälfte der ausgeliehenen Summe müssen hierbei die Colleges selbst zur Verfügung stellen. **Cooperative Fund**

Von obigen $ 46 000,— entfallen also $ 23 000,— auf die Colleges. Die D werden erst vom zweiten Collegejahr an ausgegeben. Das für die HF in diesen Fällen stark verminderte Risiko hat offenbar Anlaß dazu gegeben, die Höchstsumme für ein Semesterdarlehn von $ 250,— auf $ 300,— und für die Gesamtsumme von $ 500,— auf $ 900,— je Student zu erhöhen, wobei die Maximalbeteiligung der HF von $ 450,— (50 % von $ 900,—) immer noch um $ 50,— niedriger liegt als bei dem „Normal-Plan". Der tatsächliche Durchschnitt aller Semester-D liegt jedoch bei $ 175,—! Für die Darlehn des „Coop. Plans" werden zwei verschiedene Verträge ausgefertigt. Die Ausstellung zweier Verträge ermöglicht es dem College, sich ohne Belastung der HF durch Diskontierung Geld zu beschaffen. Die HF wird in diesem Fall als Agent des College tätig. Unter vielen anderen Einzelheiten ist in einem besonderen Vertrag zwischen College und HF auch festgelegt, daß z. B. die HF für ihre eigenen Bemühungen nicht mehr als ein Drittel der kassierten Zinsen berechnen darf.

Auf Grund des „Special"-Planes können D an Studierende gegeben werden, deren Colleges in keinem festen Vertragsverhältnis **Special Fund** zur HF stehen und die sich zentral an sie wenden. Die Höchstsummen sind hier $ 200,— je Semester und $ 400,— insgesamt. (Risikoerhöhung — Beschränkung der Höchstsumme!) Nur Studenten der oberen Stufen kommen in Frage. Zahlenangaben für das Jahr 1929 bis 1930 fehlen über den Umfang dieser Abteilung. Er dürfte nur sehr gering sein.

German Fund

Seit dem Jahr 1927 besteht auch die Möglichkeit, deutschen Studenten, die durch Vermittlung des „Akademischen Austauschdienstes" und des „Instituts für Internationale Erziehung" nach den Vereinigten Staaten kommen, Darlehn zu bewilligen.

Es stehen jährlich $ 4000,— zur Verfügung. Der Höchstbetrag für einen Studenten beläuft sich auf $ 250,—. Die Rückzahlung in Monatsraten beginnt 1 Jahr nach Verlassen der Vereinigten Staaten. Die Gruppen für den Garantiefonds werden aus je 2 Jahrgängen gebildet (1926/27 erste Gruppe). Vor allem wollte man Vergleichsmaterial für die Zuverlässigkeit amerikanischer Studenten gewinnen!

Formelle Bedingungen für Bewilligung eines Darlehns

Die formellen Bedingungen, unter denen ein D gewährt werden kann, sind folgende: Der Antragsteller muß amerikanischer Bürger sein (Ausnahme „German Student Fund"), er muß durch Referenzen seine Lebenstüchtigkeit nachweisen, völlig gesund sein und Normales im Studium leisten. Berufspläne und die Aussichten dieses Berufes finden Berücksichtigung. Werkstudenten werden bevorzugt. Bedürftigkeit ist nicht unbedingte Voraussetzung. Die hohen Zinsen und der kaufmännische Charakter des Darlehns sollen vor ungerechtfertigter Inanspruchnahme der Geldmittel schützen. Religion oder Rasse bedingen keinerlei Unterschied in der Beurteilung der Gesuche. Starke Verschuldung oder ein nachlässig bzw. schlecht aufgestellter Haushaltplan bilden Hindernisse für eine Bewilligung. Darlehen für die Fortsetzung wissenschaftlicher Arbeiten nach der Promotion werden nicht gewährt. Einen überragenden Einfluß auf die Beurteilung des Dn haben die Auskünfte Dritter. Für Auskunftserteilung über die persönlichen Verhältnisse des Gesuchstellers müssen vier Namen genannt werden. Die Referenzen und Formulare über die Persönlichkeit des Schuldners und seinen Gesundheitszustand sind sehr ausführlich. Das gleiche gilt für das Darlehnsgesuch (siehe Anl. 2 S. 64). Immer wieder wird auch in ihnen auf den geschäftlichen Charakter der Angelegenheit aufmerksam gemacht. Vor endgültiger Bewilligung des Darlehns werden die Eltern durch ein Schreiben benachrichtigt.

Inhaltliche Voraussetzung für Bewilligung eines Darlehns

Formulare

Das Gesuchsformular hatte zu Beginn der Arbeit 4 Seiten und 28 Fragen, jetzt sind es 6 Seiten und 48 Fragen mit ausführlichen Unterabteilungen (s. Anl. 2, S. 64). 4 Exemplare werden davon ausgefertigt, 2 für das College, 1 für die Zentrale und 1 für den Gesuchsteller. Die Auskunft über die Persönlichkeit des Gesuchstellers enthielt früher 4 Fragen, jetzt 37! Die Verträge sind in formaljuristischer Sprache abgefaßt und im Laufe der Jahre verschärft worden (s. Anl. 3, S. 65). Für die verschiedenen Formen der Darlehnsausgabe sind 7 verschiedene Vertragsformulare vorhanden. Wenn ein Gesuch genehmigt und der Vertrag unterschrieben ist, muß der Dn ein Formular von 2 Seiten mit 28 Fragen ausfüllen, durch das nachgewiesen wird, daß er alle Verpflichtungen versteht, die er übernommen hat (s. Anl. 4, S. 65).

Dieses ausgedehnte Formularwesen ist einmal bedingt durch die Notwendigkeit, zentral zu entscheiden. Es spiegelt aber auch die amerikanische Einstellung zu derartigen Fragen wider. Darüber hinaus ist es typisch für die Art der Beteiligung der Studenten an dieser Arbeit, die „Objekte" der Verwaltungs-Tätigkeit sind im Gegensatz z. B. zu den deutschen Studenten, auf deren Selbstverantwortung und Gemeinschaftsgeist die Arbeit in Deutschland weitgehend gestellt ist.

Ueberwachung der ausgegebenen Darlehn

Die ausgegebenen Darlehn werden zentral verwaltet. Die Überwachung und Mahnung der Zinszahlungen erfolgt nach einem sehr eingehenden Mahnverfahren, für das bestimmte Typentexte vorliegen. Ihre Wirksamkeit wird statistisch ermittelt. 23 derartige Typen sind vorhanden.

Buchhaltung

Die rd. 2500 Konten werden in der herkömmlichen Weise mit der Hand ausgeschrieben. Es besteht ein Kassabuch, ein Kontokorrent und ein Hauptbuch für die Colleges. Für jeden Dn besteht ein Kapital- und ein Zinsenkonto. Die wechselnde Anschrift (etwa sechsmal im Durchschnitt) wird jeweils mit Bleistift auf dem Konto festgehalten. Außerdem besteht eine nach Namen geordnete Kartei der Dn mit statistischen Angaben.

Mahnverfahren

Benachrichtigungen über die Belastung der Raten werden am Fälligkeitstermin nicht versandt. Dagegen erhält der Schuldner vor Beginn der ersten Ratenzahlung ein besonderes Schreiben von dem Präsidenten der Stiftung sowie zu den Zinsterminen am 1. Juni und 1. Dezember eine Nachricht über den Stand des Kontos nebst einem Kontoauszug. Die erste Mahnung erfolgt 5 Tage nach Fälligkeit an etwa 40 % bis 50 % der Dn. Zwei Wochen später wird die zweite Mahnung an etwa 15 % versandt. Hierauf erhält das College eine Nachricht. Wenn auch diese Maßnahme erfolglos bleibt, werden die Mitschuldner des gleichen College und Jahrganges benachrichtigt sowie die seinerzeit als Referenzen angegebenen Personen, nachdem in allen Fällen eine vorherige Warnung erfolgt ist. Erst im äußersten Notfall und sehr selten werden die Gerichte in Anspruch genommen. Formular-Briefe haben dieselbe Wirkung wie vervielfältigte Schreiben, wenn nur der Text psychologisch richtig abgefaßt ist. Unter der Anrede „Lieber Schuldner" wird in diesen Mitteilungen wiederholt auf das Bestehen eines juristisch bindenden Vertrages sowie die Notwendigkeit hingewiesen, durch die Rückzahlung unter Beweis zu stellen, daß man bereit sei, die Verpflichtungen als „ehrbarer Kaufmann" zu erfüllen.

Dank für Rückzahlung

Wenn ein Dn, ohne Schwierigkeiten zu bereiten, sein D pünktlich zurückzahlt, wird er Ehrenmitglied der HF und erhält das „Certificate of honorary membership" (s. Anlage 1 S. 64). In ihm wird zum Ausdruck gebracht, daß die pünktliche Rückzahlung des D ein Verdienst sei und der Dn über gute Charaktereigenschaften verfüge. Falls es gewünscht wird, stehe die HF für Auskünfte zur Verfügung.

Drei namhafte Kaufleute stützen diese Angaben durch ihre Unterschriften. Diesem Dokument wird größte Bedeutung beigemessen. Es wird mehrfach dem Dn gegenüber als Belohnung für pünktliche Zahlungen nachdrücklich in Aussicht gestellt.

Zusammenfassung

Die Art der Arbeit und des Aufbaues der HF ist nur aus der besonderen Lage der U. S. A. zu verstehen. Für ihre wirtschaftliche Basis ist die „prosperity" Vorbedingung. Sie kann vorläufig neben der Hochschule stehen und im wesentlichen in nicht akademischem Boden wurzeln, weil eine einheitliche Konzeption für ein rationelles Unterstützungswesen an den amerikanischen Hochschulen noch nicht vorhanden ist. Die private Initiative förderte vielmehr bis in die neueste Zeit ungehindert alle nur möglichen Versuche zutage. In dem Maße, in dem sich die Vorbedingungen ändern, wird sich eine Wandlung der Arbeit vollziehen müssen. Die Eingliederung in den akademischen Rahmen, die verstärkte ideelle und materielle Mitwirkung der Studenten und eine Neuordnung des Unterstützungswesens wird notwendig werden.

Bei der Darlehnskasse des Deutschen Studentenwerks hat die Lösung gleichartiger Aufgaben wegen der völlig andersartigen Voraussetzungen zu abgewandelten Formen geführt. Aus diesem Vergleich können auch vor praktischer Inangriffnahme derartiger Arbeiten entscheidende Anregungen gewonnen werden. Deswegen soll das deutsche System der Ausgabe von Darlehn an Studierende am Ende der vorliegenden Schrift ausführlich dargestellt werden.

FONDATION UNIVERSITAIRE

Belgien

Das Stipendien- und Darlehnskassenwesen Belgiens kennt neben zahlreichen Provinzial-, Kommunal- und Privatstipendien, die für die Studierenden aller belgischen Hochschulen zur Verfügung stehen, besonders zwei während des ersten Nachkriegsjahrzehnts geschaffene Einrichtungen: Die Studiendarlehn des Staates und die Fondation Universitaire in Brüssel.

Staatsdarlehn

Die Einrichtung der fünfzig Staatsdarlehn pro Jahr geht auf einen königlichen Erlaß vom 1. Dezember 1923 und auf Gesetz vom 30. April 1930 zurück. Sie werden vom Ministerium für Kunst und Wissenschaft an mittellose Studierende der vier belgischen Universitäten in der Höhe von Frs. 2500 bzw. Frs. 1250 ausgegeben. Zwanzig von den fünfzig D sind älteren Studierenden, die sich für das Doktorat in Natur- oder Geisteswissenschaft vorbereiten, vorbehalten.

Wichtiger aber als diese Staatsdarlehn sind im belgischen Stipendien- und Darlehnswesen nach der Höhe der ausgegebenen Darlehnssumme und nach der Zahl der erfaßten Studierenden die D der Fondation Universitaire, die nunmehr seit 11 Jahren D an Studierende sämtlicher belgischen Hochschulen ausgibt. Sie wurde im Jahre 1920 gegründet und verdankt ihre Entstehung der damaligen unter der Leitung Mr. Herbert C. Hoovers stehenden „Commission for Relief in Belgium", die während des Krieges in Belgien ihr Hilfswerk entfaltete. Ihr Grundriß wurde in einem Brief Hoovers an M. Emile Francqui — damals Staatsminister und Vorsitzender des Comité Exécutif du National de Secours et d'Alimentation —, festgelegt, der genaue Vorschläge über die Verwendung der Guthaben der „Commission for Relief" enthielt. In diesem Brief wurde besonders darauf hingewiesen, daß es im Sinne der bisherigen Tätigkeit der Kommission liege, den Zugang zu den Hochschulen den Söhnen und Töchtern ärmerer Bevölkerungsschichten zu ermöglichen und daneben die finanziellen Hilfsmittel der Hochschulen selbst auszubauen bzw. zu erneuern. Die in Hoovers Brief ausgeführten Grundsätze wurden in einem Ministerrat am 5. September 1919 angenommen und ein entsprechender Gesetzentwurf von Senat und Kammer am 29. Juli 1920 angenommen. Dem neugegründeten Institut wurden neben der Studienförderung von Söhnen und Töchtern mittelloser Eltern durch D, die Förderung wissenschaftlicher Veröffentlichungen und Zeitschriften, wissenschaftlicher Institute und Gesellschaften durch Zuschüsse und die Entwicklung des Akademikeraustausches, besonders zwischen Belgien und den Vereinigten Staaten, als Aufgabe zugewiesen. Sie umfaßt also Bestrebungen, die in den meisten anderen Ländern auf mehrere akademische Organisationen verteilt sind. Als Darlehnsinstitut setzt die Fondation in systematischer Weise die Arbeit fort, die öffentliche Stellen, wie z. B. Provinzialverwaltungen, durch Vergebung von Stipendien oder D an Schüler höherer Lehranstalten schon vor dem Antritt des Studiums begonnen haben. **Geschichte**

Die Fondation Universitaire hat die Form einer „Institution d'Utilité Publique". Ihre Organe sind: der Verwaltungsrat, das Büro und der Präsident. Der Verwaltungsrat setzt sich zusammen aus den von den Senaten der Universitäten auf die Dauer von fünf Jahren gewählten Professoren bzw. Lehrberechtigten, drei je Universität, zwei auf derselben Grundlage gewählten Vertretern der Bergbauhochschule in Mons und der Kolonialschule in Antwerpen sowie einer entsprechenden Anzahl durch die amerikanische Educational Foundation, der amerikanischen Nachfolgerin der „Commission for Relief in Belgium", ernannten Persönlichkeiten. Das Büro umfaßt 7—10 Mitglieder. Jede Hochschule ist durch ihren Rektor darin vertreten, die anderen Mitglieder des Büros werden vom Verwaltungsrat ernannt. Der hauptamtliche Direktor der Fondation, dem das gesamte technische Personal — bestehend aus Sekretären und Hilfskräften, die von ihm im Einvernehmen mit dem Büro angestellt werden — untersteht, ist durch sein Amt Mitglied. Das Büro hat alle dem Verwaltungsrat vorzulegenden Fragen zu prüfen und die Durchführung **Organisation** seiner Beschlüsse zu überwachen. Studenten oder studentische Organisationen wirken bei der Verwaltung der Fondation nicht mit.

Finanzen

Das Kapital der Fondation stammt aus dem Fonds der „Commission for Relief in Belgium". Eine besondere Aufbringung der Mittel durch Werbung oder durch Einstellung des betreffenden Betrags in den Staatshaushalt wie in anderen Ländern war also nicht nötig. Das Gesamtkapital betrug am Ende des Geschäftsjahres 1929/30 Frs. 56 674 368,90; an Darlehn standen aus Frs. 8 068 169,—. Die Gesamtsumme der in den ersten Geschäftsjahren ausgegebenen D betrug Frs. 9 077 875,—, wovon bis zum 30. September 1930 Frs. 1 009 706,— zurückbezahlt waren. Ein besonderer Reservefonds zur Deckung etwa ausfallender D wurde nicht errichtet, da für solche Fälle das Gesamtkapital der Fondation zur Deckung zur Verfügung steht. Die Geschäftsunkosten werden von den Zinsen des Gesamtkapitals bestritten, sind aber für die Ausgaben und Verwaltung der D im Budget der Fondation nicht besonders ausgewiesen.

Darlehns-Berechtigte

Die D der Fondation stehen nach Artikel II des Gesetzes vom 29. Juli 1920 den Studierenden offen, die „sich dazu am würdigsten zeigen, ohne Unterscheidung ihres Bekenntnisses oder ihrer Weltanschauung, ihrer Muttersprache, der Schulanstalt, aus der sie hervorgehen, der Anstalt des höheren Unterrichts, der sie angehören oder die zu besuchen sie die Absicht haben". Als Anstalten des höheren Unterrichts im Sinne dieses Artikels des Gesetzes vom 29. Juli 1920 gelten die Universitäten von Gent, Lüttich, Brüssel und Löwen und praktisch sämtliche Technischen, Handels- und sonstigen Fachhochschulen.

Bedingungen für Bewilligung eines Darlehns

Die äußeren Bedingungen für die Bewilligung eines D sind: belgische Staatszugehörigkeit, ein für das akademische Studium ausreichender Gesundheitszustand, der durch einen von der Fondation bestimmten Arzt zu beglaubigen ist, und Mittellosigkeit, die durch einen amtlich bestätigten Vermögens- und Einkommensausweis nachgewiesen werden muß (Anlage 7 S. 66). Außerdem muß der Betreffende durch ein Zeugnis nachweisen, daß er seine Mittelschulstudien abgeschlossen und das Universitäts-Eintrittsexamen bzw. eine entsprechende Prüfung bei den anderen Anstalten des höheren Unterrichts bestanden hat. D werden vom ersten Studienjahr an gewährt. Die Fondation veranstaltet zwischen dem 1. und 10. September jeden Jahres in Brüssel eine eigene schriftliche und mündliche Prüfung in französischer oder flämischer Sprache, zu der nur diejenigen Gesuchsteller zugelassen werden, bei denen die obigen Voraussetzungen zutreffen. Von der besonderen Prüfung können ausgenommen werden Studierende, die sich erst im Verlauf ihres Studiums infolge unvorhergesehener Wechsel ihrer äußeren Umstände um ein D bewerben, wenn sie schon eine oder mehrere der Halbjahrs- oder Jahresprüfungen mit Erfolg abgelegt haben. Der

Sinn der von der Fondation veranstalteten Prüfung ist, mehr die allgemeinen geistigen Fähigkeiten und die allgemeine Bildung des Betreffenden als sein Wissen festzustellen. Hierin decken sich die Bestrebungen der Fondation mit denen ähnlicher Einrichtungen in anderen Ländern, die ebenfalls auf Charakter und allgemeine geistige Fähigkeiten bei der Beurteilung von Stipendiaten entscheidendes Gewicht legen. Außer der Prüfung fordert die Fondation bei dem Leiter der von dem betreffenden Gesuchsteller besuchten Mittelschule, durch den auch das Gesuch um Zulassung zur Prüfung der Fondation einzureichen ist, Bericht ein. (Anlage 6 S. 66.) Die enge Zusammenarbeit zwischen Schule und Stiftung ist dadurch in einem ähnlichen Sinne gewährleistet wie bei der „Studienstiftung des Deutschen Volkes“ in Deutschland.

Die Fondation behält sich das Recht vor, jederzeit die D zu sperren, wenn die für die Bewilligung des D bestimmenden Voraussetzungen, besonders der persönlichen Haltung und Arbeitsleistung des Darlehnsnehmers, hinfällig werden.

Ausgabe der Darlehn

Die D der Fondation werden ohne zukünftige Bindung für ein Studienjahr gewährt. Die Höhe des D ist abhängig von der wirtschaftlichen Lage des einzelnen. Sie beträgt im allgemeinen jährlich Frs. 4000,— bis 5000,—. Die Höchstsumme betrug in den letzten Jahren Frs. 8000,—. Das D wird in drei oder vier Raten im voraus an den betreffenden Studierenden ausbezahlt. Nach Ablauf des Studienjahres, für das das D gewährt wurde, kann auf Grund eines einfachen Erneuerungsgesuches (Anlage 8 S. 67) das D um ein Jahr verlängert werden, wenn der Betreffende die Jahresabschlußprüfung mit Auszeichnung bestanden hat, was bei den Stipendiaten der Fondation sehr häufig ist.

Zinsen, Rückzahlung

Die Fondation verlangt von ihren Dn keine Z. Die R der D hat erst vom zehnten Jahre nach Abschluß der Studien bzw. nach Verlassen der Hochschule an zu erfolgen, doch erwartet die Fondation, daß das D schon früher zurückgezahlt wird, wenn der Dn dazu in der Lage ist. Sie behält sich sogar das Recht vor, von sich aus das D vor Ablauf der Rückzahlungsfrist zurückzufordern, wenn der Dn durch Schenkung oder Erbschaft in den Besitz der notwendigen Mittel gelangt. Die Verpflichtung der R ist nicht übertragbar. Die Fondation kann deshalb im Fall des Todes des Dn nur auf dessen persönliches Vermögen zurückgreifen, außer er sei den Verpflichtungen böswillig nicht nachgekommen.

Sicherung gegen Verluste

Für die von der Fondation ausgegebenen D sind keine Sicherheiten zu stellen. Die Fondation erklärt, als Folge der schwierigen Aufnahmebedingungen, daß es eine Ehre sei, Mitglied ihres Darlehnsinstituts zu sein. Sie veröffentlicht deshalb alljährlich die Namen ihrer Stipendiaten. Sie erwartet aber, daß die Dn ihrerseits auch diesem Umstand Rechnung tragen und ihrer Pflicht zur R freiwillig nachkommen. Ein einfaches Schuldanerkenntnis, dem bei minderjährigen Studierenden der gesetzliche Vertreter seine Zustimmung zu geben hat, genügt. Tatsächlich zeigen die Erfahrungen der letzten zehn Jahre, daß in der Struktur der Fondation, ihrer Auffassung des Studiendarlehns und ihrem Auswahlverfahren in der Richtung einer studentischen Elite, genügend Sicherheit für die Erhaltung des Kapitalbestandes liegen: von den 1920/30 ausgegebenen Darlehn wurden bis Ende des Geschäftsjahres 1929/30 im Durchschnitt 11,12 % zurückgezahlt, d. h. über ein Zehntel der Darlehn, bevor die eigentliche Rückzahlungszeit — „vom zehnten Jahre nach Abschluß des Studiums an" — zu laufen begonnen hat.

Die Fondation Universitaire ist das Musterbeispiel einer selbständigen, in Auslese und Verwaltung straff zentralisierten Daka, die darauf verzichtet, besondere örtliche Komitees zu unterhalten, die aber trotzdem durch die Vertreter der Hochschulen in ihrem Verwaltungsrat und ihr Examenssystem den Kontakt mit den Anforderungen des örtlichen Hochschulwesens zu halten vermag.

DANSK STUDIEFOND
Dänemark

In Dänemark besteht seit 1913 eine Daka, der „Dansk Studiefond", dem alle wesentlichen in Kopenhagen liegenden akademischen Bildungsanstalten angeschlossen sind. Die Aufgabe des „Studiefond" ist es, Studierenden von den vier — höchstens fünf — letzten Semestern vor der Abschlußprüfung an D zu gewähren.

Organisation

Die Daka hat die Form eines privatrechtlichen Vereins. Mitglied kann jedermann werden, der einen Mitgliedsbeitrag von Kr. 10,— bis 20,— jährlich bezahlt. Die Organe des Vereins sind: die Generalversammlung und der von dieser gewählte Verwaltungsrat, der aus je einem dozentischen und studentischen Vertreter jeder Hochschule besteht. Er hat die Kontrolle über die Geschäftsführung. Die Geschäftsführung wird von einem „Geschäftsausschuß" wahrgenommen, dessen Beschlüsse für die laufende Arbeit durch einen Sekretär durchgeführt werden.

Finanzen

Das K für die Darlehnsausgabe wurde aufgebracht durch Werbung und Subventionen öffentlicher Verbände, durch Mitgliederbeiträge und außerdem durch einen einmaligen größeren zinsfreien Kredit aus der „Kommunität", dem großen Stipendienfonds der Universität Kopenhagen. Ein besonderer Reservefonds wurde nicht gebildet. Das verfügbare Kapital, von dem D. Kr. 110 000,— geliehen sind, beträgt rd. D. Kr. 300 000,—. Der Rechnungsplan der Kasse kalkuliert einen Verlust von 5 % der Darlehen im voraus ein. Die übersichtlichen und stabilen Verhältnisse Dänemarks machen einen größeren Verlust höchst unwahrscheinlich. Die durchschnittliche Verlustquote beträgt bisher rd. 2 %. Die Zinseinnahmen werden nach Abdeckung der Geschäftsunkosten, die jährlich etwa 2 % der Kapitalsumme ausmachen, zurückgelegt, um eine Sicherung gegen Verluste zu bilden.

Darlehns-Berechtigte

D können erhalten an den Kopenhagener Hochschulen immatrikulierte Studierende dänischer Staatszugehörigkeit. Die Gesuche werden zweimal jährlich bei dem Sekretär eingegeben und von diesem durch persönliche Rücksprache mit dem Gesuchsteller auf ihre Richtigkeit geprüft und wenn notwendig ergänzt. Darauf wird das Gesuch einem Vertrauensausschuß unterbreitet, der aus einem studentischen Vertrauensmann der betreffenden Fakultät, einem Dozenten und offiziellen studentischen Vertretern der betreffenden Hochschulen besteht. Dieser Ausschuß hat jedoch nur beratende Stimme. Entschieden wird das Gesuch nach nochmaliger Beratung im Geschäftsausschuß durch den Verwaltungsrat.*)

Zins und Rückzahlung

Die Höhe des D beträgt durchschnittlich Kr. 1200,— pro Jahr. Es wird in bestimmten Fällen nicht nur für ein Semester, sondern für ein Studienjahr ausgegeben und kann nach Ablauf desselben erneuert werden. (Siehe Anlage 9 S. 68.) Die Verzinsung beträgt 3 % und beginnt sofort. Die erste Zinszahlung ist sechs Monate nach Auszahlung des Darlehns fällig. Die Rückzahlungsfrist ist kurz. In der Regel soll die R des D ein Jahr nach Abschluß des Studiums begonnen und in Halbjahrsraten fortgesetzt werden, wobei der Rückzahlungsmodus im Belieben des Darlehnsnehmers steht. Fünf Jahre nach Ausgabe soll ein D zurückgezahlt sein. Stundungen sind jedoch häufig.

Sicherung gegen Verluste

Der Dn hat als Sicherheit einen, bei großen D zwei Bürgen zu stellen. Die Kasse nimmt als Folge ihrer sozialen Einstellung keine systematische Untersuchung der Solvenz der Bürgen vor. Bürgschaften von Personen über 75 Jahre werden aber in der Regel nicht angenommen. Bei höheren Darlehnsbeträgen wird außerdem häufig eine Lebensversicherung abgeschlossen.

Ueberwachung der ausgegebenen Darlehn

Der Dn erhält am 1. Juni und 1. Dezember eine Aufforderung zur Zins- bzw. Rück- oder Prämienzahlung. Es wird ihm eine Nachfrist bis zum 5. Juli bzw. 5. Januar gewährt. Wenn bis zum Ende der Nachfrist weder eine Zahlung erfolgt, noch ein motiviertes Stundungsgesuch eingeht, mahnt der Geschäftsausschuß den Dn durch eingeschriebenen Brief. Läßt der Dn nichts von sich hören, so wird auf Grund des Schuldvertrages das K samt Z sofort fällig. Die Bürgen

*) An Darlehen wurden ingesamt rd. D. Kr. 600 000.— ausgegeben und zwar in den einzelnen Jahren:

1923	1924	1925	1926	1927	1928	1929	1930	1931
D. Kr. 56180.—	D. Kr. 51350.—	D. Kr. 58700.—	D. Kr. 70250.—	D. Kr. 70450.—	D. Kr. 67000.—	D. Kr. 66210.—	D. Kr. 83600.—	D. Kr. 76000.—

werden benachrichtigt und zur Zahlung aufgefordert. Wenn der Dn nachträglich noch bezahlt, kann das Schuldverhältnis wieder in Kraft gesetzt werden, jedoch gegen 5 % Z. Die Bürgen müssen in diesem Fall erneut ihre Zustimmung geben. Der Geschäftsausschuß kann auch dann die sofortige Fälligkeit des gesamten D beschließen, wenn der Dn das Studium aufgibt oder das geliehene Geld zu anderen als zu Studienzwecken verwendet. Gerichtliche Schritte sind sehr selten.

Der dänische Studienfonds gleicht in seinen Zielsetzungen mehr den Darlehnskassen Deutschlands, Frankreichs oder Belgiens als der Kreditkasse der Universität Lund. Die Rückzahlungsfrist für das D ist jedoch kurz. Das D kann deshalb unter Umständen zu einer drückenden Last werden, wovon den Dn auch eine persönliche und entgegenkommende Haltung der Kasse kaum befreien kann.

CAISSE NATIONALE DES PRETS D'HONNEUR

Frankreich

Andere Kassen

In Frankreich ist das Studiendarlehn als besondere Form des Stipendiums mit dem Ziel der Förderung des Studiums von Söhnen und Töchtern mittelloser Eltern seit langem bekannt. Schon seit 1847

Ecole Centrale

werden an der Ecole Centrale in Paris durch ein besonderes, aus einem Professor und den „Majeurs", den ersten der drei Jahrespromotionen, bestehendes Komitee, D ausgegeben, ohne Sicherheit auf die alleinige Unterschrift des Dn hin für die Dauer von zehn Jahren. Die Kasse mußte in den über achtzig Jahren ihres Bestehens nur etwa 2 % der ausgegebenen D auf Verlustkonto buchen. Der Verlust dieser 2 % ist fast ausschließlich auf Todesfälle zurückzuführen. Die Asso-

Association Générale des Etudiants de Paris

ciation Générale des Etudiants de Paris führte ebenfalls längere Zeit eine eigene Daka, die auf 10 Jahre D an Studierende ohne weitere Sicherstellung ausgab. Die Verluste, die kaum 1 % betrugen, wurden durch freiwillige Beiträge alter Dn ausgeglichen. Seit einigen Jahren besteht in Paris außerdem eine besondere, auf die Initiative

Donation Saubéran

des Industriellen Saubéran zurückgehende Daka, die Donation Saubéran, mit einem Vermögen von drei Millionen Franken, die den Studierenden der fünf Fakultäten der Universität Paris, außerdem der Ecole Centrale, der Ecole du Louvre, der Ecole Nationale des Beaux Arts offensteht. Ihre Verwaltung liegt in den Händen eines besonderen, durch den Rat der Universität Paris ernannten Ausschusses, unter dem Vorsitz des Rektors der Universität. Die Grundsätze dieses Darlehnsinstitutes sind denen des „Office National des Prêts d'Honneur" angeglichen, dem unter der französischen Darlehnseinrichtung die größte Bedeutung zukommt.

Caisse Nationale des Prêts d'Honneur

Die Einrichtungen der „Caisse Nationale des Prêts d'Honneur" geht zurück auf die von der „Union Nationale des Etudiants de France" in den Jahren 1922/23 entfaltete Initiative und auf die von ihr hervorgerufene öffentliche Diskussion über die Förderung des Begabtenaufstiegs durch das Mittel einer studentischen Darlehnskasse. Das Vorbild der „Fondation Universitaire" in Brüssel wirkte bei der Gründung mit, wenn auch im folgenden der zentralistische Aufbau der belgischen Kasse zugunsten eines dezentralisierten Systems mit starker Verankerung an den Hochschulen selbst aufgegeben wurde.

Geschichte

Im Mai 1922 hatte sich der Kongreß der Union Nationale zum ersten Male für die Schaffung von Darlehnseinrichtungen ausgesprochen. Der Vorstand der Union Nationale war darauf mit dem Unterrichtsministerium in Verbindung getreten, das jedoch für das Geschäftsjahr 1923 noch keine Entscheidung treffen konnte. Ein Aufruf des Vizepräsidenten der Union Nationale im „Journal" brachte in der Öffentlichkeit eine lebhafte Auseinandersetzung über den Gedanken einer Darlehnskasse. Den Mitgliedern des Erziehungs- und des Finanzausschusses der Kammer wurde eine Denkschrift über die wirtschaftliche Lage der Studierenden in Paris zugeleitet, die zu einer Debatte in der Kammer führte, in deren Verlauf die Richtlinien des Projektes einstimmig angenommen und erstmals zwei Millionen Franken in den Staatshaushalt für Darlehnszwecke eingestellt wurden.

Organisation

Die „Caisse Nationale des Prêts d'Honneur" wird verwaltet von einem Verwaltungsrat, der umfaßt: den Direktor für das höhere Schulwesen im Unterrichtsministerium, Vertreter des Conseil Supérieur de l'Instruction Publique, Vertreter der Hochschulen und ihnen gleichgestellter Bildungsanstalten, Stifter größerer Summen und Vertreter der Union Nationale. Die Aufgabe des Verwaltungsrates ist es, die für die Daka notwendigen Mittel aufzubringen, sie an die örtlichen Kassen zu verteilen und ihre Verwendung zu kontrollieren. Das Schwergewicht in der Verwaltung liegt bei den örtlichen, an jeder Hochschule oder jeder den Hochschulen gleichgestellten Bildungsanstalt — wenn diese es wünschen — vom Verwaltungsrat eingerichteten Zweigstellen. Diese sind in der Vergebung und Verwaltung ihrer Mittel innerhalb der Statuten und Richtlinien der Gesamtkasse frei. Sie werden geleitet von Verteilungsausschüssen, in denen der Senat der Hochschule, die Gesellschaft der Freunde der Hochschule und die örtliche Studentenschaft vertreten sind. Der Verteilungsausschuß kann D ausgeben auf Grund eines Gesuches, auf Grund von Vorschlägen des Rektors, der Dekane oder des Leiters der betreffenden Bildungsanstalt.

Finanzen

Die laufenden Mittel der Caisse Nationale ebenso wie der örtlichen Kassen, denen die Werbung eigener Mittel neben den Zuschüssen der Zentrale und deren Verwaltung freisteht, setzen sich zusammen aus Zuschüssen des Staats, der Kommunen und Departements, privaten Zuwendungen und Stiftungen, Zinseinkünften aus nicht verwendeten Mitteln und Einnahmen aus etwaigen besonderen

Veranstaltungen. Nach den Erfahrungen der ersten acht Jahre stellt der Staatszuschuß jedoch mit laufend etwa 2 Millionen Franken jährlich den weitaus größten Teil der Mittel dar.

Darlehns-Berechtigte

Ein D können erhalten mittellose Studierende französischer Nationalität, die „besondere Fähigkeiten geistiger und sittlicher Art" aufweisen, wenn sie nicht bereits im Genuß eines Staats-, Kommunal- oder Privatstipendiums sind oder eine bezahlte Stellung innehaben. Da die „Caisse Nationale des Prêts d'Honneur" besonderes Gewicht auf die Bedeutung des Darlehns im Zusammenhang der allgemeinen Studienförderung von Kindern mittelloser Eltern legt, gibt sie D schon im ersten Studienjahr, ähnlich wie die Fondation Universitaire in Belgien. Sie setzt dadurch das System der Schulstipendien und Schul-Freiplätze systematisch fort.

Bedingungen für Bewilligung eines Darlehns

Die Gesuche werden gerichtet an den örtlichen Ausschuß der Kasse, unter Hinzufügung der Geburtsurkunde, eines Staatszugehörigkeitsausweises, eines Militär- und Leumundszeugnisses, eines von einem Amtsarzt ausgefertigten Gesundheitsausweises, einer amtlich beglaubigten Vermögens- und Einkommensaufstellung, einer schriftlichen Erklärung, daß der Gesuchsteller keine bezahlte Stellung mehr hat, und des Schulabgangszeugnisses für solche, die das Studium beginnen, des Kursteilnehmerausweises bzw. des Zulassungsausweises zu den Abschlußexamina für solche, die nach dem ersten Studienjahre ein Gesuch einreichen.

Ausgabe der Darlehn

Die D selbst werden von den Universitäts- bzw. Fakultätskassen ausbezahlt, in monatlichen Raten. Das D wird für die Dauer eines Jahres festgesetzt. Es darf Frs. 3500,— pro Jahr nicht überschreiten, kann aber auf Grund eines Gutachtens des beteiligten Professors durch das örtliche Komitee erneuert werden.

Zinsen, Rückzahlungen

Z werden nicht verlangt. Die Rückzahlung hat zehn Jahre nach Abgang von der Hochschule zu beginnen, doch wird sie dem Charakter des Darlehns nach schon früher erwartet, wenn der Darlehnsnehmer dazu in der Lage ist. Sie wird an die Fakultätskasse, die das D ausgegeben hat, geleitet.

Sicherung gegen Verluste

Eine Sicherheit muß für das D nicht gestellt werden. Der Dn hat sich nur durch eine in Anwesenheit des Rektors der betreffenden Hochschule oder seines Stellvertreters feierlich abgegebene handgeschriebene Ehrenerklärung, die bei Minderjährigen vom gesetzlichen Vertreter gegenzuzeichnen ist, zur R zu verpflichten. Das Ehren-

Ehrenerklärung

mäßige des Vorgangs, das dem Darlehnsinstitut und dem Darlehn selbst seinen Namen gegeben hat, besteht also — neben der Tatsache, daß, Mitglied der Kasse zu sein, bei den strengen Auswahlmaßstäben an sich eine Ehre bedeutet — darin, daß unter Ausschluß des ordentlichen Rechtsweges der Darlehnsnehmer eine innere Bindung gegenüber seiner Hochschule und dem Staat eingeht. Diese soll ihn dem Sinne nach noch stärker verpflichten als eine rechtliche Abmachung. Zweifellos ist dadurch dem persönlichen Verhältnis zwischen dem einzelnen und der Hochschule und damit den Bildungselementen im Aufbau der Kasse eine große Bedeutung zugemessen. Das Prinzip läßt sich aber nur durchführen innerhalb einer ruhigen und sozial gefestigten Gesellschaftsordnung, und wenn es gelingt, das persönliche Verhältnis zwischen Hochschule und Studierenden, das in den geistigen und soziologischen Grundkräften der Hochschule seine Wurzel hat, rein zu erhalten, zu festigen und über die Dauer der Hochschuljahre hinaus zu bewahren.

Die Ehrenerklärung hat für den gesamten Aufbau der Caisse Nationale grundsätzliche Bedeutung: sie zwingt aus den angegebenen Gründen zu einer Dezentralisation der Vergebung und der Verwaltung der Mittel. Sie erlaubt aber ebenso durch das Wegfallen des dauernden Kontakts mit dem Dn, wie er sich aus Zinszahlung und Einkommenbeobachtung notwendigerweise ergibt, eine unbürokratische und lokal leicht zu handhabende Geschäftsführung.

LOAN FUND DER NATIONAL UNION OF STUDENTS

Groß-Britannien

Auch England kennt, ähnlich wie Frankreich, schon seit längerer Zeit die Einrichtungen von Studiendarlehen. Die „National Union of Students“ veranstaltete 1926/27 eine Untersuchung, durch die festgestellt wurde, daß es in England etwa 52 Stellen, Universitäten, Colleges, Training Colleges, Trusts und freie Organisationen gibt, die an Studierende D ausgeben. Meist ergänzt die Darlehnsausgabe eine Studienhilfe anderer Art oder sie beschränkt sich in ihrer Hilfe auf bestimmte Situationen und auf einen örtlich und gesellschaftlich begrenzten Personenkreis.

Andere Darlehnsfonds

Abgesehen von der aus der geschichtlichen Entwicklung des englischen Stipendienwesens sich erklärenden Dezentralisierung und der schon damit verbundenen Gefahren der Zersplitterung der Mittel haben bis jetzt die englischen Darlehnsfonds gegenüber den Stipendien, durch die etwa 40 % der englischen Studierenden ihr Studium bestreiten, keine Bedeutung erlangt. Die zahlreichen, fast bei allen Universitäten und University Colleges bestehenden privaten und öffentlichen Stipendienfonds, die vom Staat und den örtlichen Erziehungsbehörden laufend ausgesetzten Mittel, haben eine stärkere Ausnützung des vorhandenen Kapitals, wie sie sich durch das D ergibt, noch nicht nötig erscheinen lassen. Nur für ausgesprochene Notfälle, wie sie sich im Zusammenhang mit der allgemeinen wirtschaftlichen Entwicklung in den letzten Jahren auch in England — besonders an den Hochschulen der Industriegebiete — mehrten, fehlten die Mittel. D schienen hier oft die geeignete Form der Hilfe zu sein. Die Na-

Darlehnssystem der „National Union of Students"

tional Union of Students, die die Diskussion hierüber in Fluß brachte, hielt eine Zusammenarbeit zwischen sämtlichen Darlehnsfonds auf dem Wege über die National Union of Students für wünschenswert. Sie entwarf hierfür ein Schema, das den verschiedenen Darlehnsfonds, bei denen eine Notwendigkeit vorlag, eine Ergänzung ihrer eigenen Mittel durch eine entsprechende Beteiligung der National Union bei der Aufbringung des K vorschlug. Bisher haben jedoch nur die Studentenschaften des Armstrong College, Newcastle, der University Colleges Cardiff (Wales) und Swansea und der University Manchester (Womens' Union) das System angenommen. Es ist aber zu erwarten, daß im Laufe der Entwicklung noch weitere örtliche Studentenschaften dem System der National Union, das unter Berücksichtigung aller geschichtlichen und organisatorischen Momente des englischen Stipendienwesens entworfen wurde, beitreten werden.

Die Aufgabe des Darlehnsfonds soll sein, „armen Studenten zu helfen, die durch unvorhergesehene, jenseits ihrer Kontrolle liegende Umstände, wie Tod oder Arbeitsunfähigkeit des Ernährers oder Krankheit anderer Mitglieder der Familie sich plötzlich außerstande sehen, aus eigenen Mitteln ihr Studium fortzusetzen". Der Notcharakter des Darlehns wird dadurch besonders betont. Zugleich aber wird ausgesprochen, daß es sich bei der studentischen Darlehnseinrichtung im Gegensatz zu privaten oder sonstigen akademischen Hilfsinstituten nicht um ein caritatives Eingreifen handelt.

Organisation

Der Darlehnsfonds der National Union hat die dem englischen Recht eigentümliche Form des „Deed of Trustees". Die Trustees werden vom Finanzkomitee der National Union gewählt. In ihren Händen liegt die Verwaltung des Vermögens. An jeder Hochschule bzw. jedem College, das sich der Daka der Union anschließt, wird ein Auswahlausschuß eingesetzt, bestehend aus dem Provost oder Principal als Vorsitzenden, Mitgliedern des Universitätssekretariats, z. B. dem Registrar, dem Professor oder Tutor des betreffenden Gesuchstellers, zwei Vertretern der Studentenschaft, einem Vertreter der National Union und evtl. Vertretern der Zuschüsse gebenden privaten Gesellschaften. An diesen Ausschuß wird die von der National Union zur Verfügung gestellte Darlehnssumme im Verhältnis 1 : 1 zu der von ihm selbst aufgebrachten Summe überwiesen. Das gesamte D wird von der örtlichen Stelle, im einzelnen Falle die Students' Union oder das Universitätssekretariat, an den Gesuchsteller weitergeleitet und von ihr verwaltet und nach Rückzahlung einmal jährlich mit der National Union abgerechnet. Der Dn selbst kommt ähnlich wie in Frankreich mit der Zentrale nicht in Berührung. Der Mitverwaltung der Studentenschaft bei der Darlehnsausgabe wird besonderes Gewicht zugewiesen, da jeder caritative Charakter der Unterstützung dadurch ausgeschaltet wird und das in der Mitverwaltung zum Ausdruck kommende Gefühl der studentischen Solidarität, wie man hofft, auf die Regelmäßigkeit der Rückzahlung eine günstige Wirkung ausüben wird.

Die National Union erhält die Mittel für ihren Darlehnsfonds durch freie Werbung bei philantropischen Körperschaften und durch besondere Veranstaltungen. Zuschüsse des Staates oder der örtlichen Erziehungsbehörden kommen, im Gegensatz zu anderen Ländern, nicht in Frage, sind aber auch weniger nötig, da die Sammlung eines großen Darlehnsfonds, wie in Deutschland, Frankreich und Belgien, bei der starken Kapitalbesetzung des englischen Stipendienwesens sich nicht rechtfertigen ließe.

Darlehns-Berechtigte

Um ein D können sich bewerben Studierende beiderlei Geschlechts ohne Ansehen der Religion, der Rasse und des Alters, wenn sie auf den britischen Inseln wohnhaft sind, mindestens im zweiten Studienjahr stehen und sich für einen akademischen Grad vorbereiten bzw. nach Erhalt eines solchen für einen höheren arbeiten oder mit wissenschaftlichen Untersuchungen beschäftigt sind. Die dringende Notlage muß als solche anerkannt und jede andere Möglichkeit der finanziellen Hilfe erschöpft sein. Der Gesuchsteller ist deshalb gehalten, alle Stipendien, die ihm bewilligt werden, genau anzugeben, da die D nach Maßgabe der Bedürftigkeit festzusetzen sind. Die wissenschaftliche und menschliche Eignung für die Darlehnsunterstützung wird durch ein im Auswahlausschuß persönlich abgegebenes Gutachten des betreffenden Professors oder Tutors bestätigt.

Ausgabe des Darlehns

Die Höhe des D ist im einzelnen verschieden. Sie kann errechnet werden auf Grund der Vorschrift, daß während der ganzen Studienzeit möglichst nicht über £ 200—225 Darlehen aus allen verfügbaren Quellen zusammen an einen einzelnen Studenten ausgegeben werden, daß der gewöhnliche Durchschnitt aber etwa bei £ 100 liegen soll. Die National Union wird also, da sie jeweils die Hälfte des D aufbringt, durchschnittlich höchstens £ 50 für einen einzelnen Studierenden bereitstellen.

Zinsen, Rückzahlung

Zinszahlung wird erst nach Abschluß des Studiums bzw. nach Abgang von der Hochschule verlangt: im ersten Jahr in der Höhe der üblichen Bankrate, später 1 % höher als diese. Die R hat spätestens fünf Jahre nach Erlangung des akademischen Grades oder nach Verlassen der Hochschule zu erfolgen. Weibliche Dn, die sich verheiraten und ihre bezahlte Stellung aufgeben, müssen das Darlehn bei ihrer Heirat zurückzahlen. Die Rückzahlung erfolgt in Halbjahrsraten nach einem genau festgelegten Plan. Bei einem jährlichen Einkommen unter £ 135 müssen mindestens £ 4 jährlich zurückgezahlt werden, bei einem Einkommen von £ 135 oder mehr mindestens 12½ % der Summe, um die dieses Einkommen £ 100 übersteigt. Damit kontrolliert werden kann, ob der Dn seinen Verpflichtungen nachkommt, muß dieser dem örtlichen Verteilungskomitee seine jeweilige Anschrift, sein Gehalt und jeden Wechsel derselben sowie Namen und

Anschrift seines Arbeitgebers mitteilen. Die Sicherstellung des Darlehns wird bei dem System der National Union of Students in einer gewissenhaften Prüfung der Umstände des Dn vor der Ausgabe des D gesehen. Es wird deshalb auf Bürgschaften verzichtet. Die Eltern bzw. der Vormund des Dn müssen eine einfache Zustimmungserklärung zur Aufnahme der Schuld abgeben, ebenso muß die Referenz einer mit der Familie des Dn nicht verwandten Persönlichkeit, die diese schon längere Zeit kennt, vorliegen. Darüber hinaus wird zwischen der Universität bzw. dem College und den Studierenden ein Abkommen getroffen, das die näheren Bestimmungen der Z und der R enthält und nach Zustimmung aller Zuschüsse gebenden Stellen auf dem ordentlichen Rechtswege einklagbar ist. Von dem ursprünglichen Gedanken, eine dem System der Harmon Foundation nachgebildete Sicherheit zu schaffen, wurde später abgewichen. Die National Union verlangt nur für den von ihr beigetragenen Teil des D den Abschluß eines Lebensversicherungsvertrages. Die Prämie wird im voraus von ihr selbst vom Darlehnsbetrag abgezogen.

Sicherung gegen Verluste

EDUCATIONAL LOAN FUND

Wales, Groß-Britannien

Darlehnsfonds der Colleges und der örtlichen Erziehungsbehörden

Die vier Colleges der Universitäten in Wales, Bangor, Aberystwyth, Swansea und Cardiff besitzen je einen durch den Vice-Principal bzw. Registrar verwalteten Darlehnsfonds. Außerdem geben kirchliche Verbände und die Erziehungsbehörden von sieben wallisischen Grafschaften D an Studierende aus ihrem Bezirk aus. Zum Teil verfügen diese örtlichen Erziehungsbehörden über beträchtliche Summen zu Darlehnszwecken. Trotzdem machten die Wirtschaftskrise der letzten Jahre, die die Kohlenindustrie und die Landwirtschaft von Wales besonders hart traf, und die dauernden Schwierigkeiten der wallisischen Studierenden, die aus sehr einfachen Verhältnissen stammen, die Sammlung eines besonderen Darlehnsfonds notwendig, als Ergänzung zu den bereits bestehenden Einrichtungen und zu den von der National Union auch für die Universität Wales unternommenen Bemühungen.

Educational Loan Fund der W. S. H. C.

Das im Jahr 1929 durch das Weltstudentenwerk gegründete wallisische Selbsthilfekomitee (Welsh Student Self-Help Council) unterzog sich der Aufgabe der Sammlung eines solchen ergänzenden „Educational Loan Fund", der nun im laufenden akademischen Jahr 1931/32 zum ersten Male D ausgibt.

Die Grundsätze dieses Darlehnsfonds sind die gleichen wie diejenigen des Darlehnsfonds der National Union. Die D sind als Nothilfe gedacht und werden im Gegensatz zu anderen Ländern nicht in den Dienst einer systematischen Begabtenförderung gestellt, wenn auch ihre Nebenwirkung bei den eigentümlichen soziologischen Verhältnissen der Studentenschaft der Universität von Wales auf eine solche hinausläuft.

Die finanzielle Verwaltung des Fonds liegt in den Händen der Principals der vier Universitäts-Colleges, die als „Trustees" amten. An jedem College besteht ein Komitee aus dem Principal, dem Vorsitzenden und einem anderen Mitglied des Finanzkomitees des College, einem weiblichen und einem männlichen Studierenden und einem Vertreter des Welsh Student Self-Help Council. Das Wallisische Selbsthilfe-Komitee zahlt jährlich die an den einzelnen Colleges benötigten Summen an die Komitees aus und gibt seinerseits jährlich die von diesen zurückempfangenen D an die „Trustees" zurück. Die Mitwirkung der Studentenschaft bei der Vergebung der D ist bedeutend, da diese nicht nur in den örtlichen Komitees, sondern auch im Wallisischen Selbsthilfe-Komitee Sitz und Stimme haben. Verwaltung

Das K des Wallisischen „Educational Loan Fund" wurde zusammengebracht durch verschiedene Stiftungen, durch eine besondere Sammlung in den wallisischen Gemeinden in Nordamerika und durch freiwillige, auf fünf Jahre fest zugesagte Beiträge verschiedener Einzelpersönlichkeiten. Von einer ursprünglich ins Auge gefaßten geringen jährlichen Beitragszahlung der Studenten selbst, wie bei der Darlehnskasse des Deutschen Studentenwerks, wurde vorläufig Abstand genommen. Finanzen

Die äußere und innere Voraussetzung für die Bewilligung einer Unterstützung ist dieselbe wie bei dem System der National Union. Die Höhe des D beträgt durchschnittlich £ 15—20 für einen Studenten.

Die Z sind für die Zeit nach Verlassen des College auf 4½ % festgesetzt. Das D muß in gleichen halbjährlichen Raten bis spätestens fünf Jahre nach dem Abgang von der Hochschule zurückgezahlt werden. Die R beginnt sechs Monate nach Abschluß des Hochschulstudiums. Hat der Betreffende keine bezahlte Stellung gefunden oder ist er ohne eigene Schuld nicht in der Lage, rechtzeitig seine Rückzahlungsraten zu entrichten, so kann das College-Komitee ihm Fristverlängerung gewähren. Die Z müssen jedoch immer rechtzeitig gezahlt werden. Liegt böswilliges Versäumnis vor, so kann das Komitee bei Zustimmung der „Trustees" auf dem ordentlichen Rechtswege gegen den betreffenden Dn vorgehen. Zins- und Rückzahlung

Eine Sicherheit durch Bürgen oder durch den Abschluß einer Lebensversicherung wird in Wales nicht verlangt. Im Todesfalle unternimmt das College-Komitee sofort alle notwendigen Schritte zur Sicherung des Darlehnsbetrages. Der Dn schließt eine einfache, ein Schuldanerkenntnis enthaltende Vereinbarung mit dem College und hält dessen Registrar über seine Anschrift sowie den Namen und die Anschrift seines Arbeitgebers dauernd auf dem laufenden. Sicherung gegen Ausfälle

Der Unterschied der Darlehnsfonds der National Union und des Welsh Self-Help Council gegenüber den Darlehnseinrichtungen anderer Länder liegt in dem ausgesprochenen Nothilfecharakter der D, in der starken Betonung der studentischen Selbstverwaltung, die den ersten Schritt der Studentenschaft zur Mitverantwortung bei der Vergebung von Stipendien in England darstellt, in der Kürze der Rückzahlungsfrist und in dem genau festgelegten Rückzahlungsplan, der ein schnelleres Rotieren des Darlehnskapitals ermöglicht. Wenn auch angesichts der beschränkten Mittel die Bedeutung der englischen Darlehnsinstitute hinter der anderer Länder zurückbleibt, sie geben eine Grundlage, auf der in der nächsten, sicher auch für die englische Studentenschaft nicht leichten Zeit systematisch und rechtzeitig weitergebaut werden kann.

LUNDS STUDENTKÅRS KREDITKASSA

Schweden

In Schweden ist das Studiendarlehn als ein Mittel, die Ausgaben des Studiums zu bestreiten — vor allem in der Form des kurzfristigen Darlehns — schon seit langem bekannt. Die offiziellen Landsmannschaften, die „Nationen", hielten für ihre Mitglieder eigene kurzfristige Darlehnskassen, oder die Geschäftsbanken der Universitätsstadt oder des Heimatortes der betreffenden Studierenden liehen diesen auf dreimonatigen Solawechsel Geld aus. Eine in den Jahren 1920/1921 in Lund durchgeführte Untersuchung zeigte, daß bei einer durchschnittlichen Zahl von 1600 Studierenden allein von den Lunder Kreditinstituten Kr. 2 400 000,— an Studierende kurz- und langfristig ausgeliehen waren, was — wenn man die Verpflichtungen außerhalb der Universitätsstadt berücksichtigt — einer durchschnittlichen Verschuldung von rd. Kr. 2000,— pro Kopf der Studierenden entsprach. Um dieser dem akademischen Nachwuchs schädlichen Erscheinung entgegenzuwirken und die Darlehnsvergebung an Studierende in systematischer Weise zu regeln, wurde 1922 die „Lunds Studentkårs Kreditkassa" ins Leben gerufen. Sie nahm Anfang 1923 ihre Tätigkeit auf.

Organisation

Die Kreditkassa hat die Form eines privatrechtlichen Vereins. Mitglieder auf Lebenszeit sind alle Privatpersonen, die einen einmaligen Mitgliedsbeitrag von Kr. 10,— entrichten, ebenso die Darlehnsnehmer, die einen einmaligen Beitrag von Kr. 10,— zu bezahlen haben. Kollektiv-Mitglieder der Kassa sind die „Nationen" und die „Studentenschaft". Die Mitgliederversammlung tritt einmal jährlich zusammen und nimmt den Rechenschaftsbericht entgegen. Sie wählt drei von den sieben Mitgliedern des Vorstandes der Kasse. Zwei von diesen müssen aktive Studierende sein. Vier Mitglieder des Vorstandes werden vom Senat gewählt. Hiervon müssen zwei Vertreter der Sparkassen sein.

Finanzen

Die Kasse hat ihre Mittel durch Zusammenlegung der kleinen Darlehnsfonds der „Nationen" und durch eine besondere Werbungsaktion aufgebracht. Außerdem wurden ehemalige Studierende zur Unterzeichnung von Bürgschaftsverpflichtungen für die Kasse aufgefordert, auf Grund deren die Kasse schon am Anfang teilweise mit fremden Mitteln arbeiten konnte. Heute werden diese jedoch nicht mehr durch die Bürgschaftsverpflichtungen ehemaliger Studierender, sondern durch die Schuldverpflichtungen mit Bürgschaften und Lebensversicherungspolicen der Dn selbst sichergestellt. Die Sparkassen Südschwedens leihen der studentischen Kreditkassa für diesen Zweck Geld auf 12 Monate fest zu einem 1—1½ % unter dem für Kreditgeschäfte solcher Art üblichen Zinsfuß. Der niedrige Landeszinssatz ist die Voraussetzung dafür, daß eine derartige Finanzierungsmethode Anwendung finden kann. (Siehe Anlagen 10 und 11, S. 69.)

Geschäftsunkosten

Die Geschäftsunkosten sowie die Ausgaben für die neuerdings eingeführte Verzinsung der bei der Gründung von den „Nationen" und Privatpersonen eingezahlten Anteile, soweit sie mehr als Kr. 100,— betrugen, werden aus den Überschüssen der Zinseinnahmen gedeckt. Der Rest des Überschusses wird je zur Hälfte dem Darlehnskapital und einem Reservefonds überwiesen.

Darlehns-Berechtigte

Da es sich bei der Lunder Darlehnskasse nicht um ein Stipendieninstitut im Sinne der belgischen Fondation Universitaire, der französischen Caisse Nationale des Prêts d'Honneur oder der Darlehnskasse des Deutschen Studentenwerks handelt, auch nicht um ein Nothilfesystem im Sinne der D der englischen Studentenschaft, sondern um ein mehr bankmäßiges Institut mit der Aufgabe, dem Studierenden mäßige Erleichterungen zu schaffen, werden die Voraussetzungen für die Zuteilung eines D weniger streng geprüft. Grundsätzlich sind alle Studierenden zugelassen, die mindestens vier Semester in Lund studiert und das zwölfte Studiensemester nicht überschritten haben. Die wirtschaftliche Bedürftigkeit muß nicht amtlich bestätigt, sondern nur ehrenwörtlich bekräftigt werden. Die wissenschaftlichen Fähigkeiten des Gesuchstellers werden mehrfach geprüft. Außerdem werden Vertrauensleute der verschiedenen Fakultäten und „Mannschaften" hinzugezogen, denen ein Teil der Gesuchsteller wenigstens persönlich bekannt ist.

Darlehnsbewilligung

Der Höchstbetrag eines für das akademische Jahr bewilligten D beträgt durchschnittlich Kr. 2000,—, für vier Jahre also insgesamt Kr. 8000,—. Wenn der Dn aus wissenschaftlichen Gründen zur Ablegung höherer Examina sein Studium verlängern muß, können bis zu Kr. 12 000,— D ausgegeben werden. Das D wird nur für ein Jahr bewilligt, nach dessen Ablauf ein neues Gesuch einzureichen ist. Die Verzinsung beträgt 5 %, d. h. 1 % unter dem landesüblichen Zinsfuß für diese Art von Krediten. Die Fälligkeitstermine sind der 15. April und der 15. Oktober. Die R hat spätestens zehn Jahre nach Beendigung des Studiums nach einem genauen Plan zu erfolgen, und zwar kann sich der Dn bei Abgabe des Darlehnsgesuches entscheiden, ob er die Tilgung der Schuld mit gleichbleibenden oder steigenden Tilgungsquoten oder auf einmal vornehmen will. Bei Nichtzahlung der Z oder R wird 14 Tage nach dem Fälligkeitsdatum durch eingeschriebenen Brief gemahnt und eine Nachfrist von 14 Tagen gewährt. Wenn kein begründetes Stundungsgesuch oder Zahlung erfolgt, wird eine zweite eingeschriebene Mahnung versandt mit der Aufforderung zur Zahlung binnen acht Tagen. Bei nochmaliger Versäumnis wird gegen die Bürgen vorgegangen. Bei begründeten Stundungsgesuchen dagegen kann der Direktor der Kasse bis zu vier Monaten Zahlungsaufschub bewilligen, für längere Fristen oder für wiederholte Stundung ist dagegen der Vorstand zuständig.

Sicherung gegen Verluste

Als Sicherheit hat der Dn zwei Bürgen vorzuschlagen, die nicht über 65 Jahre alt sind. Die Daka zieht über dieselben bei den mit ihr zusammenarbeitenden Banken und Sparkassen Erkundigungen ein. Außerdem muß jeder Dn bei einem Kr. 1000,— übersteigenden D eine Lebensversicherung eingehen und sich zur Zahlung der Prämien im Darlehnsvertrag verpflichten. Die Bürgen haften auch für die Bezahlung der Lebensversicherungsprämie.

Die Lunder Studentendarlehnskasse gibt, verglichen mit anderen Instituten, außerordentlich hohe D aus. Sie legt wenig Nachdruck auf den Charakter der Kasse als eines akademischen Unterstützungsinstituts, im Dienst etwa der Förderung von Söhnen und Töchtern mittelloser Eltern. Sie stellt ein bankmäßig aufgezogenes Unternehmen dar, dessen Aufgabe es ist, die schon seit Jahrzehnten übliche Gepflogenheit der Kreditierung der geistigen Arbeit in eine für den akademischen Nachwuchs zuträgliche Bahn zu lenken und — wo es nötig ist — Ausgleiche zu schaffen. Als Nebenwirkung kann durch ihre Wirksamkeit vielleicht auch erreicht werden, was bei anderen Kassen Selbstzweck ist: die Förderung und Sicherung eines guten akademischen Nachwuchses.

Kasse in Upsala

In Upsala wurde eine der Lunder Darlehnskasse entsprechende Einrichtung teilweise von der Studentenschaft durchgeführt. Einige „Nationen" haben private Darlehnsfonds gegründet, so daß das Bedürfnis nach einer Zentralkasse weniger dringend ist. Für Stockholm und Göteborg sind der Lunder Kasse entsprechende Einrichtungen geplant.

DARLEHNSKASSEN IN DER SCHWEIZ

Die Schweiz verfügt über eine Reihe privater, kommunaler, kantonaler und eidgenössischer Fonds, die Stipendien an Studierende ausgeben. Bei der Gewohnheit der schweizerischen Studierenden — ähnlich wie die englischen Studierenden in den neueren englischen Universitäten —, wenn möglich die Heimatuniversität oder eine dem Heimatort benachbarte Hochschule aufzusuchen und bei den Eltern oder bei Verwandten zu wohnen, und der damit gegebenen Senkung der Lebenshaltungskosten, genügen im allgemeinen die vorhandenen Fonds. Die Bemühungen um Darlehnskassen richteten sich deshalb auch weniger auf die Sammlung neuer Mittel als auf die Umwandlung bereits bestehender Unterstützungskassen in Darlehnskassen und auf deren Zusammenfassung in einem zentralschweizerischen Institut. Die Zusammenfassung ist noch nicht erreicht, dagegen wurden die an der Universität Zürich und der Eidgenössischen Technischen Hochschule bestehenden Unterstützungsfonds in Darlehnskassen umgewandelt.

Darlehnskasse Universität Zürich

Bei der schrittweise erfolgenden Überführung der von der Studentenschaft der Universität Zürich geleiteten Unterstützungskasse in eine Daka in den Jahren 1928/30 spielte die innere Begründung des D als Selbsthilfe neben der finanziellen eine ausschlaggebende Rolle. Die Kasse hatte seit 1920 ihren Stipendiaten nahegelegt, die ihnen gewährten Summen, wenn möglich, wieder zurückzuzahlen. Bis 1927/28 aber waren nur etwa 4,31 % der Darlehnssumme zurückgezahlt, was trotz des Fehlens jeder rechtlichen Verpflichtung und trotz der Tatsache, daß es sich bei den Stipendiaten mehr um Ausländer, denen die unmittelbare verpflichtende Bindung an die Hochschule fehlte, als um schweizerische Studierende handelte, eine sehr ungünstige Ziffer darstellte. Diese Erfahrung zeigte, daß eine Daka nur auf dem Boden eines rechtlich gesicherten Schuldverhältnisses möglich ist.

Organisation

Die Daka ist ein Teil der Aufgaben der Studentenschaft der Universität Zürich. Sie untersteht einer Verwaltungskommission, bestehend aus dem Rektor und dem Vertreter der Erziehungsbehörde als Präsidenten, dem jeweiligen Stipendieninspektor an der Universität, einem vom Großen Studentenrat gewählten Dozenten, einem vom Großen Studentenrat für zwei Jahre aus dem Kreis der Studierenden oder der Altakademikerschaft gewählten Geschäftsführer und zwei ebenfalls vom Großen Studentenrat für die Dauer von zwei Semestern gewählten Studierenden, von denen einer als Stellvertreter des Geschäftsführers tätig ist. Die Aufgabe der Verwaltungskommission ist die Überwachung der Geschäftsführung, die Beratung und Genehmigung des Haushaltplanes der Kasse, die Erteilung von Richtlinien für die Vergebung der D und die Entscheidung der Gesuche auf Grund der von dem aus dem Präsidenten, dem Geschäftsführer und seinem Stellvertreter bestehenden Verwaltungsausschuß gemachten Vorschlägen. Der Einfluß der Studentenschaft in der Verwaltungskommission ist außerordentlich stark, da sie von sieben Sitzen vier vergibt. Die Buchhaltung, die Gesuchsbearbeitung, die Verbindung mit den Dn und die Vertretung der Daka gegenüber den Universitätsbehörden und der Studentenschaft obliegt dem Geschäftsführer. Er wird von seinem Stellvertreter in der Verwaltungskommission unterstützt. Die Verwaltung der Kasse und des Vermögens besorgt die Universitätskasse.

Finanzen

Das Darlehnskapital wurde aus dem K der bisherigen Unterstützungskasse übernommen. Außerdem fließen ihm die Reinerträge besonderer Wohltätigkeitsveranstaltungen und gelegentliche freiwillige Beiträge von Privaten, Firmen und sonstigen Körperschaften zu. Die von allen Studierenden erhobenen Semesterzwangsbeiträge, die Überschüsse aus Zinseinnahmen sowie etwa bewilligte, aber nicht ausgegebene Darlehnsbeträge des Vorjahres werden einem Reservefonds zugewiesen, der zur Deckung der aus nicht zurückgezahlten D entstandenen Verluste bestimmt ist.

Darlehns-Berechtigte

Die D werden ausgegeben an schweizerische und ausländische Studierende, die mindestens vier Semester studiert haben, und die sich über genügenden Studienerfolg ausweisen können. Vorgezogen werden Studierende, die während ihrer ersten Semester ihren Lebensunterhalt selbst durch Werkarbeit aufgebracht haben. Der Entscheidung des Gesuchs geht eine persönliche Unterredung mit dem Dn voraus.

Rückzahlung

Die Rückzahlungsfrist ist auf zehn Jahre, vom Ausgabedatum des D an gerechnet, festgesetzt. Mit der R soll jedoch, wenn möglich, spätestens nach dem sechsten Jahr begonnen werden. Da die Daka auch an Ausländer D ausgibt, bereitet die Sicherstellung der D besondere Schwierigkeiten. Ursprünglich war geplant, das K nach guten, mittelguten und schlechten Sicherheiten aufzuteilen und den mittelguten und schlechten D höchstens 30 % des Kapitals zuzuweisen, den Reservefonds außerdem so zu bemessen, daß er den gesamten Verlust der mittelguten und schlechten D zu decken vermag. Man kam jedoch von diesem Plan ab und verlangt nun auch von ausländischen Studierenden Stellung von Bürgen, die in der Schweiz wohnen. Der Abschluß einer Lebensversicherung dagegen wird nicht verlangt.

Kasse der Eidgenössischen Technischen Hochschule Zürich

Die seit Jahrzehnten bestehende Unterstützungskasse des Verbandes der Studierenden der Eidgenössischen Technischen Hochschule in Zürich wurde Ende 1930 aufgehoben, im Hinblick auf einen neuen, von der Schweizerischen Eidgenossenschaft und der Stadt Zürich anläßlich des 75jährigen Jubiläums der E. T. H. geschaffenen, in der Verwaltung des Schweizerischen Schulrats stehenden „Darlehn- und Stipendienfonds der E. T. H.“. Dieser neue Fonds wurde zu Beginn des akademischen Jahres 1931/32 eröffnet. Sein Zweck ist die „Unterstützung wenig bemittelter, besonders fähiger Studierender und Absolventen an der E. T. H., im Sinne der Förderung des Nachwuchses an leitenden Männern für Hochschule, Industrie und Wirtschaft“. Er kann auch D und Stipendien ausgeben an solche, die ihr Hochschulstudium abgeschlossen haben, sich aber wissenschaftlich im In- oder Auslande weiterbilden möchten. Zugelassen sind Studierende, die seit mindestens vier Semestern an der E. T. H. studieren und wenig bemittelt sind. Ein wissenschaftliches und persönliches Gutachten über den Gesuchsteller wird vom Schweizerischen Schulrat bei den in Frage kommenden Hochschullehrern selbst eingeholt.

Z werden während der Studienzeit nicht verlangt. Die R hat spätestens zehn Jahre nach Ausgabe des D zu erfolgen, bei D an Absolventen nach acht Jahren. Der Schweizerische Schulrat kann besondere Sicherheiten, wie Pfänder oder Bürgen, für das D verlangen. Die Vermögensverwaltung besorgt die Eidgenössische Finanzverwaltung. An sie ist auch die R zu leisten. Den sonstigen Verkehr mit den Dn dagegen besorgt der Sekretär des Schweizerischen Schulrats. Zinsen, Rückzahlung

Der Verband der Schweizerischen Studentenschaften (V. S. S.) setzte 1928 eine besondere Kommission ein zur Prüfung der Notwendigkeit und der Möglichkeit einer zentral-schweizerischen Darlehnskasse. Die Kommission brachte einen Entwurf ein, der von der Generalversammlung des V. S. S. Ende 1929 gebilligt wurde. Er lehnte sich stark an an die Darlehnskasse des Deutschen Studentenwerks, besonders im Aufbau und dem Zusammenwirken der Organe, Mitgliederversammlung, Verwaltungskommission, Vorstand, Geschäftsleitung und örtliche Zweigstellen sowie in der Verteilung der Funktionen auf Zentrale und Zw und in der Regelung der Verzinsung, der R, der Verwendung des Darlehns- und Reservekapitals. Die Zentralisierung ging in einzelnen Punkten noch weiter als in der deutschen Kasse, z. B. in dem Recht der Zentrale, über die Darlehnsgesuche auf Vorschlag der örtlichen Ausschüsse von sich aus zu entscheiden. Hervorzuheben ist besonders, daß dieser Entwurf ähnlich wie die Kasse an der Universität Zürich eine Gleichberechtigung der ausländischen Studierenden in der Beanspruchung der Mittel anerkannte, was der alten, offenen und neutralen Tradition der Schweiz entspricht. Der Entwurf konnte jedoch, da er den historischen und traditionsmäßigen Gegebenheiten des schweizerischen Hochschulwesens zu wenig entgegenkam, nicht durchgeführt werden. Plan einer zentralen Kasse

Die beiden bereits verwirklichten Darlehnsinstitute in Zürich dagegen zeigen — deutlicher als andere, da die schweizerischen Stipendienfonds nicht entwertet wurden —, wie der Gedanke des Studiendarlehns sich aus i n n e r e n Gründen immer mehr durchsetzt. Das Studiendarlehn ist Selbsthilfe. Es verpflichtet gegenüber der gebenden Gemeinschaft der Hochschule oder des Staates und gegenüber der eigenen Person mehr als ein Stipendium. Der Studierende ist nicht mehr Rentner, sondern ein im Dienst der Allgemeinheit stehender Unternehmer, dem die Allgemeinheit das Geld für sein Unternehmen vorschießt, in dem Vertrauen, daß er dieses zielsicher aufbauen und klug verwalten werde.

DEUTSCHE STUDENTENDARLEHNSKASSE
Tschechoslowakei

Die Ausgabe kurzfristiger D für Studierende ist, ähnlich wie in Polen, in der Tschechoslowakei sehr bekannt. Von langfristigen Darlehnskassen dagegen kommt nur die „Deutsche Studentendarlehnskasse“ in der Tschechoslowakei mit dem Sitz in Brünn in Frage, die im Anfang des Jahres 1926 vom „Verband der Deutschen Akademiker“ gegründet wurde. Sie steht heute im engsten Zusammenhang mit der 1928 ebenfalls unter Mitwirkung des „Verbandes der Deutschen Akademiker“ gegründeten „Deutschen Studentenhilfe“, deren Aufgabe das große Gebiet der studentischen Wohlfahrtspflege für sudetendeutsche Hochschüler ist. Bei Gründung der Daka spielte der Gedanke, daß durch ein Darlehnssystem die geringen Mittel des „Verbandes der Deutschen Akademiker“ besser als durch ein Stipendiensystem ausgenützt würden, eine ausschlaggebende Rolle.

Ihre Aufgabe sollte sein, „den in Not geratenen sudetendeutschen Hochschülern durch Gewährung von D die Beendigung ihrer Studien zu ermöglichen“.

Organisation

Die rechtliche Form der Daka ist die eingetragene Genossenschaft mit beschränkter Haftung. Mitglieder der Genossenschaft können sein: der „Verband der Deutschen Akademiker“ und seine Verbandsgruppen, Mitglieder des „Verbandes der Deutschen Akademiker“, soweit sie selbständig sind, also Akademiker mit abgeschlossenem Studium. Der Genossenschaftsanteil beträgt Kc. 50,—. Es wird den Dn bei der Auszahlung des D — für je Kc. 1000,— ein Anteil — samt einer Beitrittsgebühr von Kc. 5,— abgezogen; er verbleibt im Eigentum des Darlehnsnehmers und kann nach Rückzahlung des Darlehns wieder gekündigt werden.

Die Verwaltung der Genossenschaft liegt in den Händen des Vorstands, des Aufsichtsrates und der Mitgliederversammlung. Der Vorstand, der aus sechs Personen besteht, wird von der Vollversammlung auf drei Jahre gewählt. Alljährlich scheidet ein Drittel seiner Mitglieder aus. Er wählt aus seiner Mitte einen Obmann und einen Obmannstellvertreter. Dieser hat die Geschäfte zu führen und die Genossenschaft nach außen zu vertreten. Der Aufsichtsrat wird ebenfalls von der Vollversammlung auf drei Jahre gewählt. Er besteht aus mindestens sechs Mitgliedern, von denen alljährlich ein Drittel ausscheidet. Die Vollversammlung tritt einmal jährlich zusammen. Ihr unterliegt die Beschlußfassung über sämtliche Angelegenheiten in der Genossenschaft, insbesondere die Genehmigung der Bilanz und der Jahresrechnung. Jedes Mitglied hat in der Vollversammlung so viel Stimmen, als es Anteile besitzt.

Finanzen

Das zur Darlehnsausgabe zur Verfügung stehende Kapital besteht aus den Geschäftsanteilen der Mitglieder (Ende des Geschäftsjahres 1930 711 Anteile), aus Darlehen des „Verbandes der Deutschen

Akademiker" und aus Spareinlagen. Zur Deckung etwaiger Ausfälle wird aus den Beitrittsgebühren der Mitglieder und durch Zuweisungen aus den Reinerträgen ein Reservefonds gebildet. Die laufenden Aufwendungen der Kasse sowie der Zinsendienst für etwa aufgenommene Bankkredite und für die bei der Kasse angelegten Sparguthaben müssen, da die Kasse auf Z für die von ihr ausgegebenen Darlehen verzichtet, aus Spenden, unter denen jährlichen Zuwendungen der „Deutschen Studentenhilfe" die erste Stelle zukommt, bestritten werden.

Die Daka steht nur solchen studentischen Mitgliedern offen, die durch ihre bisherigen Studienerfolge, durch Ablegung einer Teilprüfung, eines Rigorosums oder einer Staatsprüfung gezeigt haben, daß sie ihr Hochschulstudium mit Erfolg beenden werden. Eine Empfehlung der zuständigen Ortsgruppe des „Verbandes der Deutschen Akademiker" unterstützt das Gesuch. Der Gesuchsteller braucht aber nicht notwendigerweise an einer sudetendeutschen Hochschule immatrikuliert sein, er kann ebenso eine deutsche, österreichische oder sonstige ausländische Hochschule besuchen. Das Gesuch wird unter Hinzufügung eines Lebenslaufs, des Nachweises einer mindestens dreimonatigen Mitgliedschaft beim „Verband der Deutschen Akademiker", der Studiennachweise und der eventuellen Begutachtung durch die zuständige Ortsgruppe des Verbandes beim Vorstand eingereicht. **Darlehns-Berechtigte**

Die Höhe des D beträgt durchschnittlich Kc. 1000,— für jedes noch notwendige, höchstens aber für vier Studiensemester. Z werden nicht erhoben. Die Rückzahlungsfrist wird auf Vorschlag des Gesuchstellers vom Vorstand festgesetzt; sie beträgt aber höchstens vier bis fünf Jahre, vom Tage der Auszahlung des D an gerechnet. Der Vorstand der Kasse behält sich außerdem vor, das D nach seinem Ermessen auch vor Ablauf der festgesetzten Zeit unter Einhaltung einer 14tägigen Frist zu kündigen. In diesem Fall ist der Dn bzw. sein Bürge verpflichtet, den Darlehnsbetrag sofort zurückzuzahlen. Vor Auszahlung des D wird ein genauer Rückzahlungsplan festgelegt. Er bildet einen Teil des Schuldvertrages. **Zinsen, Rückzahlung**

Als Sicherheit hat der Dn zwei Bürgen beizubringen oder einen Deckungswechsel zu hinterlegen. Die Schuldurkunde muß von zwei Bürgen unterzeichnet sein, deren Güte vom Vorstand der Kasse geprüft wird. Für D über Kc. 2000,— muß außerdem eine Lebensversicherung abgeschlossen werden. Erfahrungsgemäß haben diese Sicherheiten genügt: von den im ersten Jahrfünft ausgezahlten Darlehen wurden bis 31. Dezember 1930 bereits 27,8 % zurückgezahlt. Also 7,8 % mehr als nach der äußersten Dauer der Rückzahlungsfrist unbedingt notwendig gewesen wäre. Die scheinbar kurze Rückzahlungsfrist bezieht sich vor allem auf jene Zeit, während welcher die D nicht verzinst werden müssen. Zahlungsaufschub, der begründet **Sicherung gegen Verluste** ausgesprochen wird, wird fast immer gegen mäßige Verzinsung, oft auch zinsenlos gewährt.

Die „Deutsche Studentendarlehnskasse“ ist das Muster eines freien genossenschaftlichen Unterstützungsinstituts, ein Vorbild ähnlicher Einrichtungen, wie sie da und dort an den Hochschulen von geschlossenen Kreisen unterhalten werden. In ihren Richtlinien unterscheidet sie sich aber sehr wesentlich von den in anderen Ländern bestehenden Darlehnskasseneinrichtungen. Ein Unterschied allerdings, der mehr auf Gegensätze im juristischen Aufbau als in der Zielsetzung zurückzuführen ist.

DARLEHNSKASSE DES DEUTSCHEN STUDENTENWERKS

Deutschland

Kurze Charakteristik

Die Darlehnskasse des Deutschen Studentenwerks ist eine auf dem Gemeinschaftserlebnis und dem Selbsthilfewillen der studentischen Kriegsgeneration aufbauende gemeinnützige Institution (eingetragener Verein), die von Studenten unter verständnisvoller Förderung durch Professoren, Freunde aus dem Wirtschaftsleben und staatliche Stellen ins Leben gerufen wurde. Ihre Geldmittel stammen überwiegend vom Deutschen Reich, ferner von anderen beteiligten staatlichen und privaten Stellen sowie von allen deutschen Studenten. Sie bildet die Form der Hilfe, die im Rahmen einer nach rationellen Gesichtspunkten aufgebauten Förderung des begabten, aber mittellosen Studenten kurz vor Abschluß seiner Studien allein in Frage kommen soll. Sie vergibt auf Grund der Entscheidung örtlicher Ausschüsse Stipendien, die in erster Linie aus pädagogischen Gründen in die Form von Darlehn gekleidet sind. Die Verwaltung der einmal ausgegebenen Darlehen ist zentralisiert. Die Verzinsung liegt wesentlich unter dem Landeszinsfuß; kaufmännische Gesichtspunkte spielen nur insofern eine Rolle, als durch die Darlehnsform das Kapital für künftige Generationen unbedingt erhalten bleiben soll und aus dem Zinsaufkommen die entstehenden Verwaltungskosten gedeckt werden müssen. Die Deckung für Ausfälle ist durch eine Selbstbesteuerung sämtlicher deutscher Studierender geschaffen.

Gründungsgeschichte

Mehrere Jahre nahmen die Vorarbeiten für die Gründung in Anspruch. Schon am 22. Juni 1920 faßte der Göttinger Studententag einen Beschluß, in dem „die staatlichen Behörden unter Mitwirkung der Hochschulen unter Hinweis auf die niederdrückende Lage der Deutschen Studentenschaft ersucht wurden, zur Erleichterung des Studiums Darlehnskassen für Studierende zu errichten“.

Am 6. Juni 1921 befaßte sich der Erlanger Studententag wiederum mit den Plänen einer Darlehnskasse, die nunmehr schon festere

Formen angenommen hatten. Er billigte diese Grundlagen und übertrug die weiteren Vorarbeiten der neu errichteten „Wirtschaftshilfe der Deutschen Studentenschaft". Große Widerstände auf allen Seiten sind in der Folgezeit noch zu überwinden. Persönlichkeiten aus dem Wirtschaftsleben, die offizielle „Studentenschaft" selbst und auch weite Kreise unter den Hochschuldozenten stehen den Absichten der Gründung einer zentralen Kasse sehr zurückhaltend gegenüber. Am 4. März 1922 wird endlich der siebente Entwurf der Satzung von dem zur Vorbereitung eingesetzten Ausschuß angenommen. Aber erst am 2. Juni 1922 kann die Gründung in der Rechtsform eines eingetragenen Vereins erfolgen (Vereinsregister Amtsgericht Dresden Blatt 789).

In den Satzungen*) wird der Zweck der Neugründung in großen Zügen gekennzeichnet: Sie soll bedürftigen, wissenschaftlich und menschlich bewährten reichs- und auslandsdeutschen Studenten an den Hochschulen des Deutschen Reiches und der Technischen Hochschule Danzig vor und während der Abschlußprüfung Darlehn gewähren. Hierbei sind alle politischen, konfessionellen und weltanschaulichen Gesichtspunkte grundsätzlich ausgeschlossen. Zweck, Aufgabe

Als wichtigste Aufgabe wird neben weitgehender Unterstützung der Kriegsteilnehmer die nachdrückliche Förderung des „Werkstudenten" in den „Richtlinien für die Gewährung von Darlehen" verankert, die der Verwaltungsrat erläßt. Für diese ausdrückliche Bevorzugung des „Werkstudenten" waren Gedankengänge grundlegend, die auch die übrige studentische Wirtschaftsarbeit in Deutschland sehr stark beeinflußt haben.

Ideelle Grundlagen

Man ging von der Tatsache aus, daß ein Student sich zwar die erforderlichen Geldmittel vor dem Besuch der Hochschule oder zwischen den ersten Semestern während der Ferien durch eigene Arbeit erwerben könne, daß aber hierzu in der letzten Zeit seines Studiums keine Möglichkeit mehr vorhanden sein würde. Er werde auf vorübergehende Hilfe angewiesen sein, die ihn instand setzen sollte, künftige Erträgnisse seiner Berufsarbeit für den Studienabschluß zu verwenden. Die Unterstützung durch ein Darlehn sei dann der beste Ausweg. Die Bewährung in Werkarbeit wurde als einer der wichtigsten natürlichen Auslesefaktoren angesehen. Die schwierige wirtschaftliche Lage Deutschlands und im Gefolge davon die Arbeitslosigkeit haben diesen Weg später weitgehend verschlossen, so daß als Vorstufe der Darlehnsgewährung Unterstützungen à fonds perdu treten mußten. Hierfür sind über alle deutschen Hochschulen hin einheitliche Auslesegesichtspunkte durch die Arbeit des Deutschen Studentenwerks sichergestellt worden.

Eingliederung in die Hochschule

Eine weitere Schwierigkeit erwuchs der Arbeit im Laufe der nächsten Jahre durch die erschreckend zunehmende Überfüllung der Hochschulen und fast aller akademischen Berufe, eine Entwicklung, für

*) S. Geschäftsbericht der Darlehnskasse des Deutschen Studentenwerks, 1928/31, W. de Gruyter & Co., Berlin-Leipzig.

deren übersteigerte Form die gleichen wirtschaftlichen Ereignisse verantwortlich zu machen sind, die jede Werkarbeit aufs äußerste erschwerten. Im Zusammenhang hiermit kann gegen eine so umfassende Arbeit wie die der deutschen Darlehnskasse leicht der Vorwurf erhoben werden, daß durch ihre Existenz dieser unerfreulichen Entwicklung Vorschub geleistet werde. Dem kann nur eine Feststellung entgegengehalten werden, die auch auf jede andere Form der Förderung des Aufstiegs begabter, aber unbemittelter Menschen zutrifft: Eine unerwünschte „Überfüllung" ist immer nur mit Ungeeigneten zu befürchten. Ein Abbau der Arbeit der Darlehnskasse und der anderen Hilfseinrichtungen für Studierende würde den Hochschulbesuch zu einem Privileg der Reichen machen, da infolge des Aufbaus der deutschen Hochschulen nur die begabten „Unbemittelten", nicht aber die unbegabten „Reichen" ausgeschlossen sein würden.

Die angedeutete Gefahr hat jedoch die Darlehnskasse immer wieder mit großem Nachdruck auf eine scharfe Auslese unter den Bewerbern hingewiesen. Sie konnte dieser Aufgabe nur gerecht werden bei einer weitgehenden Eingliederung in die Hochschule selbst. Hierdurch wurde anderseits verhindert, daß kaufmännische Erwägungen ein ungesundes Übergewicht erlangen konnten.

Bei allen Maßnahmen und Überlegungen steht die wissenschaftliche Befähigung im Vordergrund. Andere Aufstiegswege erfordern gleichfalls charakterliche und menschliche Fähigkeiten. Deren Vorhandensein ist deshalb eine selbstverständliche Voraussetzung. Wer aber über die Hochschule gehen will, muß wissenschaftlich denken können. Der Leitsatz der Darlehnskasse für die „Auslese" hat deshalb folgende Formulierung gefunden: „Nur wissenschaftlich einwandfrei überdurchschnittlich begabte Studierende, die menschlich und charakterlich hervorragen, können ein Darlehn erhalten."

Eingliederung in das Unterstützungswesen für Studierende

Die Inflation vernichtete in Deutschland die Vermögen fast aller Hilfseinrichtungen und Stipendien, so daß hier im Gegensatz zu der Gründung von Darlehnskassen in einer Reihe anderer Länder — kurz nach Beginn der Arbeiten — sich die Möglichkeit eröffnete, das gesamte studentische Unterstützungswesen nach rationellen Gesichtspunkten völlig neu aufzubauen. Die Darlehnskasse konnte festumrissene Aufgaben übernehmen. Sie ist bis in die neueste Zeit hinein auch die einzige nennenswerte Kasse in Deutschland geblieben. Ihre Stellung im Rahmen der anderen Hilfseinrichtungen soll im folgenden noch kurz gekennzeichnet werden. Bei einer Betrachtung der Unterstützungsmöglichkeiten an den deutschen Hochschulen können die Stipendien privater und öffentlicher Stellen, die Hilfe der örtlichen studentischen Wirtschaftsorganisationen (Wirtschaftskörper), die zentrale Studienstiftung des Deutschen Volkes und die Darlehnskasse nicht nebeneinander gesehen werden. Es liegt vielmehr eine Arbeitsteilung in zeitlicher Beziehung vor, die eine Aufeinanderfolge

der Hilfe à fonds perdu und eines Darlehns voraussetzt. Hierdurch ist aber anderseits auch erst die Voraussetzung dafür geschaffen, daß bei der „Auslese" der Darlehnsnehmer der objektiv und subjektiv größte Wirkungsgrad erzielt wird, da der einzelne am Ende seines Studiums in der Regel besser beurteilt werden kann als zu Beginn desselben. Eine nicht zu unterschätzende Nebenwirkung der so gesicherten Auslese ist die Risikoverminderung für den „Kredit".

Die Einordnung der Darlehnsgewährung am Ende des Studiums zur Finanzierung der letzten Semester macht es ferner möglich, trotz ausreichender Hilfe für den einzelnen mit einer relativ niedrigen Gesamtdarlehnssumme auszukommen, sowie eine übergroße Vorbelastung des Berufseinkommens zu vermeiden. Der besondere Charakter der Darlehnskasse würde es nicht zulassen, bis ins hohe Alter des Akademikers hinein die Abzahlung von Studiendarlehn zu verlangen, wie es in vergangenen Zeiten bei Schulden aus der Studienzeit häufig der Fall war. Wirtschaftliche Erwägungen

Für die Wahl der Darlehnsform sprechen Überlegungen, die schon bei der Gründung eine wichtige Rolle gespielt haben. Es gibt eine Anzahl wertvoller Menschen, die Stipendien — vor allem in ihrer alten caritativen Form — nicht annehmen würden, für die jedoch das Darlehn eine mögliche Art der Hilfe darstellt. Es gibt auch andere Persönlichkeiten, deren innere Entwicklung durch eine geschenkweise Hingabe der Mittel gefährdet werden kann. Auf dem Wege über ein Darlehn können dagegen pädagogische und ethische Gegenkräfte lebendig werden, die nicht nur in der Darlehnsform, sondern vor allem auch in der erforderlichen engen Verbindung mit dem Darlehnsnehmer — auch nach der Hochschulzeit — ihren Ursprung haben. Schließlich ist es der Gedanke der Selbsthilfe*), der gerade in der Daka seinen starken Ausdruck findet und für den einzelnen wie die Gesamtheit wertvollste Triebkräfte auslöst. Die Form des Darlehns selbst stellt nichts anderes dar als eine Beleihung späterer Einkünfte. Durch Einsatz der eigenen Arbeitskraft wird die Hilfe überhaupt erst ermöglicht. Auf die Tatsache, daß Werkstudenten, die sich die Geldmittel zum Studium selbst verdient haben, vorzugsweise berücksichtigt werden sollen, wurde schon hingewiesen. Die Mitwirkung der Studenten bei Ausgabe von Darlehn und in der Verwaltung stützt den Selbsthilfecharakter von der Organisationsseite her. Den stärksten Faktor aber bildet die finanzielle Beteiligung aller Studierender durch regelmäßige Zahlungen für einen Reservefonds, aus dem bei Verlusten die notwendigen Mittel zur Erhaltung des Kapitals entnommen werden. Pädagogische Auswirkungen / Der Selbsthilfegedanke

Nur von dieser ideellen Grundhaltung aus können auch die Bindungen zwischen Darlehnskasse und „Schuldner" richtig gesehen wer-

*) Vgl. auch: R. Schairer, „Die Idee der Selbsthilfe in der Darlehnskasse", Studentenwerk 3. Jahrg. S. 205, 1929.

den. Die Zusammenarbeit ist „akademisch" im besten Sinne des Wortes. Sie muß es sein auf Grund der oben dargelegten engen Verbindung mit der Hochschule. Die Darlehnskasse tritt dem Gesuchsteller und späteren Schuldner „kameradschaftlich" gegenüber. Kommilitonen wirken bei Bewilligung des Darlehns und bei Festlegung der Verwaltungsgrundsätze mit, ehemalige Studierende, vom Vertrauen der Gesamtheit getragen, führen die Geschäfte. Die Bedingungen sind „sozial". Nur Leistungen, die zur Aufrechterhaltung der Arbeit auf Grund ihrer Zielsetzung erforderlich sind, werden verlangt. Alle Zahlungen kommen wiederum Studierenden zugute, die sich in derselben Lage befinden, in der anderen früher einmal geholfen wurde. Trotzdem und gerade deswegen muß die Verwaltung kaufmännisch genau und sparsam geführt werden. Nur dann kann ihr das Vertrauen entgegengebracht werden, das durch die Sicherheit zweckentsprechende Verwendung aller Zahlungen entsteht. Die Verpflichtung zur Zins- und Rückzahlung wird so zu einer selbstverständlichen Ehrenverpflichtung gegenüber der Gesamtheit. Es ist aber durch die juristische Bindung auch dafür gesorgt, daß die Gesamtheit nicht durch die Böswilligkeit einiger weniger geschädigt werden kann.

Organisation

Die Grundlage für den organisatorischen Aufbau bilden die Satzungen. Die Organe, bei denen die Legislative liegt, sind Hauptversammlung und Verwaltungsrat. Die Exekutive wird durch Vorstand und Geschäftsführung ausgeübt. Die Darlehn werden in der Regel durch die örtlichen Zweigstellen bzw. an den kleinsten Hochschulen durch Darlehnskassenämter ausgegeben. Aber auch die Hauptstelle kann in besonderen Ausnahmefällen selbständige Entscheidungen treffen. Für Beschwerden der Gesuchsteller gegen die Entscheidungen der Zweigstellen oder Hauptstelle ist die vom Vorstand eingesetzte Beschwerdeinstanz zuständig.

Das Fundament, auf dem sich die Verwaltungsorganisation in personeller Hinsicht aufbaut, ist die Vertretung folgender drei Elemente in sämtlichen Gremien: 1. Dozenten, 2. Studenten und 3. Freunde der Arbeit aus dem Wirtschaftsleben und den Regierungen.

Hauptversammlung

Die Hauptversammlung wird gebildet durch die örtlichen studentischen Wirtschaftsorganisationen (Wirtschaftskörper), an deren Hochschule von jedem Studenten ein Beitrag von RM 1,— im Semester erhoben wird, das Deutsche Reich, die Hochschulländer, der Verband der Deutschen Hochschulen und das Deutsche Studentenwerk. Diese Mitglieder sind ipso jure Mitglied und führen je eine Stimme, während das Stimmrecht der anderen Mitglieder nach der Höhe der Beiträge abgestuft ist. Eine Ausnahmestellung ist dem Hauptgeldgeber der Darlehnskasse — dem Deutschen Reich — seit dem Jahr 1931 eingeräumt. Sie hat in einer Satzungsbestimmung ihren Niederschlag gefunden, nach der einerseits dem Reich weitgehende Kontrollrechte eingeräumt sind, während es anderseits die bestehende Satzung der Darlehnskasse sowie die Grundsätze ihrer Arbeit billigt und schützt.

Die Hauptversammlung nimmt den Jahresbericht und die Abrechnung entgegen und erteilt dem Vorstand Entlastung. Sie wählt einen Teil der Verwaltungsratsmitglieder und die Revisoren. Sie beschließt mit Zweidrittel-Mehrheit über Satzungsänderungen, wobei dem Reich ein Vetorecht zusteht. Beschlüsse kann sie nur fassen, wenn sie vom Verwaltungsrat vorbereitet sind. Sie tritt mindestens alle zwei Jahre zusammen.

Verwaltungsrat

Dem Verwaltungsrat gehören an: 5 Vertreter des Reiches und der Hochschulländer, 3 Vertreter des Verbandes der Deutschen Hochschulen, 7 studentische Vertreter, benannt vom Deutschen Studentenwerk, 12 Vertreter des Wirtschaftslebens bzw. weitere Einzelpersonen. Ein Teil wird von der Hauptversammlung gewählt, ein Teil durch die entsendende Organisation benannt. Innerhalb der Gruppen findet in festgelegtem Turnus jährlich ein Wechsel der Vertreter statt. Der Verwaltungsrat entscheidet über alle laufenden Verwaltungsangelegenheiten, so insbesondere: Haushaltplan, Einsetzung örtlicher Zweigstellen, Anträge auf Satzungsänderung, Grundsätze der Darlehnsvergebung, Höhe der Zinsen und Rückzahlungsfristen sowie alle Angelegenheiten, die nicht ausdrücklich der Hauptversammlung vorbehalten sind. Er tritt mindestens einmal jährlich zusammen.

Vorstand

Der Vorstand besteht aus 4 vom Verwaltungsrat aus seinem Kreis gewählten Persönlichkeiten, einem Vorsitzenden, dem Schatzmeister und zwei stellvertretenden Vorsitzenden. Seine Wahlperiode läuft 3 Jahre.

Geschäftsführung

Die Geschäftsführung besteht aus dem Hauptgeschäftsführer, einem Geschäftsführer und zwei Referenten. Sie vertritt den Vorstand in den laufenden Geschäften und bereitet alle Sitzungen vor. Zwischen Vorstand und Geschäftsführung der Darlehnskasse und des „Deutschen Studentenwerks“ besteht weitgehend Personalunion.

Eine neuartige Form von Selbstverwaltung

Die Vertretung offizieller und privater Stellen im Verwaltungsrat hat — in Verbindung mit den Bestimmungen über den Einfluß des Reichs — die Darlehnskasse zu einer Institution der Selbstverwaltung gemacht, die trotz stärkster Anlehnung an den Staat und Wahrung seiner Belange ihre Arbeit nach ihren eigenen Lebensgesetzen gestalten kann. Dieses fein abgewogene Verhältnis von Einflüssen hat sich schon in der Vergangenheit praktisch bewährt. Es wird auch in Zukunft die stärkste Stütze für eine kontinuierliche Arbeit sein, die ihre Beweglichkeit trotzdem bewahrt.

Die örtlichen Stellen (Zweigstellen)

Eine sehr umfangreiche und verantwortungsvolle Tätigkeit von grundlegender Bedeutung — die Auslese der Darlehnsnehmer —

ruht auf den Schultern der 56 örtlichen Stellen*). An jeder größeren Hochschule befindet sich eine Zw (49), bzw. an den kleinsten ein Darlehnskassenamt (7) mit verringerten Vollmachten.

Aachen T. H., Berlin U., Ti. H., H. H., L. H., Charlottenburg T. H., Bonn U., Braunschweig T. H., Breslau U., T. H., Clausthal B. A., Danzig T. H., Darmstadt T. H., Dillingen Ph. Th. H., Dresden T. H., Eichstätt Ph. Th. H., Erlangen U., Frankfurt U., Freiberg B. A., Freiburg U., Freising Ph. Th. H., Gießen U., Göttingen U., Greifswald U., Halle U., Hamburg U., Hannover T. H., Ti. H., Heidelberg U., Hohenheim L. H., Jena U., Karlsruhe T. H., Kiel U., Köln U., Königsberg U., H. H., Leipzig U., Mannheim H. H., Marburg U., München U., T. H., Münster U., Nürnberg H. H., Paderborn Ph. Th. H., Passau Ph. Th. H., Regensburg Ph. Th. H., Rostock U., Stuttgart T. H., Tharandt F. H., Tübingen U., Weihenstephan L. H., Würzburg U., Bamberg Ph. Th. H., Braunsberg Ph. Th. H., Düsseldorf M. A., Eberswalde F. H., Hann.-Münden F. H., Witzenhausen K. H.

U. = Universität,	B. A. = Bergakademie,
T. H. = Technische Hochschule,	M. A. = Medizinische Akademie,
Ti. H. = Tierärztliche Hochschule,	F. H. = Forstliche Hochschule,
L. H. = Landwirtschaftl. Hochsch.,	Ph. Th. H. = Phil.-theol. Hochsch.,
H. H. = Handelshochschule,	K. H. = Kolonialhochschule.

Die örtlichen Stellen sind in ihren Entscheidungen selbständig; sie müssen jedoch die vom Verwaltungsrat erlassenen Richtlinien beachten, die im „Handbuch für die Arbeit der Zweigstellen der Darlehnskasse des Deutschen Studentenwerks" zusammengefaßt sind.

Ausschuß

Die Zw wird verkörpert durch den Ausschuß. Er soll bestehen aus mindestens 5 Personen, darunter 2 Studenten, 2 Dozenten und einem Förderer aus dem Wirtschaftsleben.

Unter den Mitgliedern befinden sich Vertreter der Hochschule (Dozenten und Studenten), der Geschäftsführer der örtlichen Studentenhilfe (Wirtschaftskörper) und Persönlichkeiten des Wirtschaftslebens. So ist auch örtlich der gleiche in der Zentrale bewährte Grundsatz durchgeführt, der einen gerechten Ausgleich aller Interessen sichert.

Beim Ausscheiden einzelner Persönlichkeiten ergänzt sich der Ausschuß durch Zuwahl selbst. Diese bedarf der Bestätigung durch die Hauptstelle. Die Tätigkeit der Mitglieder des Ausschusses erfolgt ehrenamtlich.

Aufgabe

Die gesamten Arbeiten der Zweigstelle werden durch den Ausschuß überwacht. Insbesondere entscheidet er auf Grund der Vorlagen des Geschäftsführers über die Gewährung der D, ferner bei Vorliegen von Ausnahmefällen über Herabsetzung der normalen Rückzahlungsfrist, Erlaß der Bürgschaft oder anderer wichtiger schriftlicher Unterlagen. Über seine Entscheidungen wird ein Protokollbuch geführt.

Die Höhe der Verzinsung kann dagegen durch einen Beschluß des Ausschusses nicht geändert werden, gleichfalls kann der späteste Rück-

*) Vgl. Handbuch für die Arbeit der Zweigstellen der Darlehnskasse des Deutschen Studentenwerks, II. Auflage 1931. Selbstverlag.

zahlungstermin nicht über die 8jährige Frist hinaus verlängert werden.

Der Vorsitzende, der Schatzmeister und der Geschäftsführer bilden den Vorstand der Zw. Ein Mitglied des Ausschusses, möglichst ein Dozent, wird zum Vorsitzenden gewählt. Organe

Der Geschäftsführer des örtlichen Wirtschaftskörpers soll dem Ausschuß als Geschäftsführer angehören. Die Tätigkeit des Geschäftsführers ist ehrenamtlich (BGB. §§ 662 ff.). Geschäftsführer

Er führt die laufenden Geschäfte und sorgt insbesondere für die Bekanntgabe der Möglichkeit einer Darlehnsgewährung. Er nimmt die Gesuche entgegen und erledigt ihre Vorbearbeitung. Die Gesuche sind außerordentlich zahlreich. Regelmäßig müssen 50—60 % der Gesuchsteller abgewiesen werden.

Die Vorbearbeitung erstreckt sich vor allem auf die Prüfung der wissenschaftlichen Befähigung, der menschlichen Eignung sowie der wirtschaftlichen Notlage des Gesuchstellers. Die Angaben in den beigebrachten schriftlichen Unterlagen sollen in der Regel durch eine Aussprache oder persönliche Erkundigungen ergänzt werden. Der Geschäftsführer wird unterstützt durch studentische Mitarbeiter. Studentische Mitarbeit

Er veranlaßt die ordentliche technische und zahlenmäßige Revision der Zw am Ende jeden Semesters durch einen beeideten Bücherrevisor. Eine Revision des inhaltlichen Teiles der Arbeit der Zw findet jährlich einmal anläßlich eines Besuches des Geschäftsführers der Hauptstelle statt. Diese dient vor allem auch der Sicherung der einheitlichen Innehaltung der maßgebenden Richtlinien für die Auslese. Revisionen

Für die Ausgabe von D an Studierende der Hochschulen des Deutschen Reiches und Angehörige der Deutschen Studentenschaft der Technischen Hochschule Danzig sind die Zw an den betreffenden Hochschulorten zuständig. Zuständigkeit

Die Hauptstelle ist nur in besonderen Ausnahmefällen zuständig, die sich jedoch im Rahmen der Satzung der Daka halten müssen. Hierzu gehören auch die Gesuche von Studierenden, die dem Ausschuß einer Zw angehören, deren endgültige Bewilligung durch die Hauptstelle erfolgt. Desgleichen werden die Gesuche der Darlehnskassenämter zentral endgültig entschieden.

In der Regel gelten folgende Unterlagen als formelle Voraussetzungen für die Bewilligung eines D: Formelle Bedingungen für Bewilligung eines Darlehns

Das schriftliche Gesuch (s. Anl. 13, S. 71 ff.).

Die „Bescheinigung über die wirtschaftlichen Verhältnisse“. Sie ist in der Regel dann erforderlich, wenn auf andere Weise kein sicheres Bild hierüber gewonnen werden kann.

Der Nachweis wissenschaftlicher Leistungen wird durch ausführliche Gutachten (s. Anl. 14, S. 74) der in Frage kommenden Fachdozenten erbracht. Der Inhalt soll dem Studierenden nicht zur Kenntnis kommen.

Formulare für die vorstehend genannten Unterlagen werden von der Hauptstelle zur Verfügung gestellt.

Falls in dem Gesuch Angaben enthalten sind, die ohne weiteres durch Zeugnisse belegt werden können, werden diese nach Möglichkeit in beglaubigter Abschrift vorgelegt (Werkarbeitsbescheinigungen o. ä.).

Für die Ausstellung einer selbstschuldnerischen Bürgschaft werden die von der Hauptstelle ausgegebenen Formulare verwandt.

Wenn Verdacht besteht, daß eine ernsthafte Erkrankung des Gesuchstellers vorliegt, werden ärztliches Zeugnis und Angaben des Studierenden auf einem besonderen Formular eingeholt.

Sicherung gegen Verluste, Bürgschaft

Auf die Beibringung der selbstschuldnerischen Bürgschaftserklärung eines Dritten wird in allen Fällen gedrungen, in denen die persönlichen Verhältnisse des Gesuchstellers die Beschaffung irgend möglich erscheinen lassen. Der Bürge darf nicht unter 25 Jahre und nicht über 58 Jahre alt sein.

Bei Bewertung der Bürgschaft für ein D der Daka und deren Bevorzugung vor allen anderen Formen der Sicherstellung ist zu berücksichtigen, daß die augenblickliche Zahlungsfähigkeit des Bürgen für den Wert einer Bürgschaft nicht allein maßgebend ist. Die Inanspruchnahme des Bürgen kommt im Regelfalle — abgesehen vom Tode des Dn — erst nach acht Jahren in Frage. Bis dahin können auch die Vermögensverhältnisse eines Bürgen, der zunächst als durchaus zahlungsfähig angesehen wurde, so ungünstig geworden sein, daß er seinen Verpflichtungen nicht nachkommen kann. Die Bürgschaft ist acht Jahre lang unkündbar. Ihr Wert kann also nicht nur nach der augenblicklichen Vermögenslage des Bürgen beurteilt werden. Sie soll allerdings so sein, daß die Rückzahlung finanziell möglich erscheint. Vielmehr besteht ihr Hauptwert darin, daß eine dritte Person mit dem D in enge Verbindung gebracht wird. Der Bürge wird in der Regel älter sein als der Dn und Lebenserfahrung genug besitzen, um diesen auf den entscheidenden Schritt, den er zu tun im Begriff ist, nachdrücklich hinzuweisen. Ganz besonders wird das bei Verwandten der Fall sein. Hier sind die moralischen Bindungen, die durch die Bürgschaft für das D nutzbar gemacht werden, besonders wertvoll.

Hinzu kommt, daß die Verfolgung der Anschrift und des Lebensganges des Dn häufig nur durch den Bürgen möglich ist, da dieser auch für die regelmäßige Zinszahlung die Haftung übernimmt.

Andere Formen einer Sicherheit kommen wegen der damit verbundenen Kosten und Verwaltungsarbeit nicht in Frage.

Lebensversicherung

Der Abschluß einer Lebensversicherung auf das Leben des Dn wird vor allem den Bürgen oder Angehörigen eines Dn empfohlen, um diese vor Schaden zu bewahren, falls der Dn sterben sollte. Gleichzeitig wird die Daka, die im Interesse der anderen Kommilitonen die Rückzahlung verlangen muß, vor Schwierigkeiten bewahrt, die vor allem auf menschlichem Gebiet entstehen können. Vervielfältigte Rundschreiben über die Wichtigkeit einer Lebensversicherung stellt die Hauptstelle zur Verfügung (s. Anl. 16, S. 75).

Sicherheitsfonds

Im übrigen greift bei etwaigen Verlusten der aus den Kopfbeiträgen aller Studierenden gebildete Sicherheitsfonds ein. Die Verteilung des Risikos auf eine große Anzahl Dn mit relativ kleinen Einzelbeträgen bietet die Gewähr dafür, daß das Gesetz der großen Zahl sich auswirken kann, so daß voraussichtlich alle Verluste, die entstehen werden, aus dieser „Selbstversicherung" gedeckt werden können.

Abschließend ist zu der Forderung einer Sicherheit zu sagen, daß in keinem Fall bei deren Beschaffung mit ungerechtfertigter Härte vorgegangen wird. In besonderen Ausnahmefällen kann von der Beibringung einer selbstschuldnerischen Bürgschaft völlig abgesehen werden.

Inhaltliche Voraussetzungen für Bewilligung eines Darlehns

Die Würdigkeit eines Dn wird nicht nach den wissenschaftlichen Leistungen allein, sondern nach dem Gesamtbild der Persönlichkeit beurteilt. Die rein intellektuelle Veranlagung, praktische Fähigkeiten

— die vor allem in Werkarbeit oder Mitarbeit in der studentischen Selbstverwaltung bewiesen werden können — sowie menschlich wertvolle Eigenschaften und Bedürftigkeit werden gegeneinander abgewogen und bilden gemeinsam die Grundlage für eine Bewilligung. Je nach der besonderen Lage des Falles kann ein Mangel in der einen Richtung ausgeglichen werden durch überragende Veranlagung in einer anderen. Die Bewerber müssen sich aber im ganzen während des Studiums als einwandfrei überdurchschnittlich begabt und geeignet erwiesen haben. Im übrigen sollen durch ein Darlehn nur solche Menschen gefördert werden, deren bisherige Entwicklung mit Sicherheit erwarten läßt, daß sie im Berufsleben nach Abschluß des Studiums etwas Tüchtiges leisten können und in der Lage sein werden, das D im Laufe von acht Jahren zurückzuerstatten, ohne daß es für sie eine übergroße Belastung bedeutet.

Persönlichkeit und wissenschaftliche Leistungen

Grundsätzlich werden D an reichs- und auslandsdeutsche Studierende der Hochschulen des Deutschen Reiches und der Technischen Hochschule Danzig gegeben.

Völlig unberücksichtigt bleiben müssen bei der Bewilligung alle politischen, konfessionellen und weltanschaulichen Gesichtspunkte.

Politische, konfessionelle und weltanschauliche Neutralität

Nur ordentliche Studierende können D erhalten.

Sie werden nur für eine Abschlußprüfung, nicht für Vorexamina und lediglich kurz vor oder während der Abschlußprüfung gewährt. Der Zeitraum der Darlehnsgewährung soll in einem angemessenen Verhältnis zur normalen Studiendauer stehen, jedoch nicht mehr als zwei Semester vor dem Abschlußexamen im Höchstfall betragen.

Die Finanzierung eines zweiten Examens (z. B. Doktorexamen) kommt nur in seltenen Ausnahmefällen in Frage.

Neben den wissenschaftlichen Leistungen muß versucht werden, über die menschlichen und charakterlichen Eigenschaften des Dn ein Urteil zu gewinnen. Form und Abfassung des Gesuches, die Begründung desselben sowie sein persönliches Auftreten wird hierfür mit herangezogen. Auch durch Auskünfte Dritter soll in zweifelhaften Fällen eine Ergänzung des persönlichen Eindruckes gewonnen werden.

Wirtschaftliche Notlage

Die wirtschaftliche Notlage wird nach den gesamten Umständen eines Gesuches beurteilt. Konkrete Zahlen, die für alle Fälle Gültigkeit haben, können nicht genannt werden. Es kommen nur Studierende in Frage, die nach Heranziehung aler anderen Hilfsquellen das Studium aufgeben müßten, wenn nicht die Daka einspränge.

D werden nur gewährt für die unmittelbar persönlich notwendigen Ausgaben vor Abschluß des Studiums. Infolgedessen gibt man sie in der Regel nicht zur Abdeckung alter Schulden oder zur Unterstützung Dritter und nie zur Finanzierung eines Heilaufenthaltes.

Gesundheit

Die Krankheit eines Dn bildet so lange kein Hindernis für eine Bewilligung, als er in seiner Arbeitsfähigkeit nicht behindert ist und auch für die Zukunft eine Schwächung seiner Arbeitskraft nicht zu befürchten ist.

Prüfung der Gesuche

Sprechstunden für Studierende, die Darlehnsgesuche einreichen wollen, muß der Geschäftsführer persönlich wahrnehmen. Hierbei werden auch die in Frage kommenden Formulare ausgegeben.

Das Hauptgewicht der Arbeit der Zw liegt auf einer möglichst ins einzelne gehenden individuellen Behandlung und Prüfung aller Gesuche. Deshalb werden nicht nur Anträge der Studierenden selbst berücksichtigt, sondern auch solche, die von dritter Seite für verschämte notleidende Kommilitonen gestellt werden. Nur in eiligen und völlig klar liegenden Fällen kann ausnahmsweise auch nach dem schriftlichen Gesuch allein entschieden werden. In der Regel werden jedoch der Studiengang und die Absichten im akademischen Berufsleben mündlich erörtert.

Das Darlehnsgesuch (s. Anl. 13 S. 71 ff.) enthält nur die unbedingt notwendigen Fragen; die persönliche Kenntnis des Gesuchstellers ermöglicht diese Selbstbeschränkung. Sie ist im Gegensatz zu z. B. der Harmon Foundation nicht nur aus diesem Grund möglich, sondern auch erforderlich, weil derartig weitgehende Fragen aus psychologischen Gründen in Deutschland untunlich sind. In diesem formellen Punkt wie auch an mancher anderen Stelle baut die Daka auf dem Selbstverantwortungsgefühl der Studierenden auf. Das höhere Alter der Dn (26 Jahre im Durchschnitt) gegenüber den amerikanischen Studierenden ist wohl noch ein weiterer Grund für diese Verschiedenheit.

Gesuche von Studierenden, die das erstemal mit der Daka in Verbindung treten, werden besonders eingehend bearbeitet, um auch die Grundlage für etwaige spätere Bewilligungen zu schaffen. Von einem ausführlichen neuen Gesuch wird in der Regel Abstand genommen, wenn der zweite Antrag in angemessenem zeitlichen Abstand von dem ersten eingereicht wird.

Kontinuierliche Hilfe

Diese kontinuierliche Form der Hilfe wird als besonders wichtig bezeichnet. Für die Zw bedeutet sie einen verstärkten Hinweis auf ihre Verantwortung, für den Dn eine Stärkung seiner materiellen und damit auch häufig seiner inneren Sicherheit in der entscheidenden Examenszeit.

Entscheidung über die Darlehnsgesuche

Sobald eine genügende Anzahl von Gesuchen zusammengekommen ist, werden sie dem Ausschuß in einer Sitzung durch den Geschäftsführer zur Entscheidung vorgelegt. Die Entscheidungen werden in einem Protokollbuch festgehalten.

Zinsen, Rückzahlung

Die Verzinsung der D beträgt 3 % bis zum 5. Jahr, von da an bis zur Rückzahlung 6 %. Die R hat spätestens 8 Jahre nach Empfang der D zu erfolgen. Zinseszinsen werden nicht berechnet. Zinsstundungen werden bei Vorliegen einer ausführlichen Begründung ausgesprochen. Über die ratenweise R der D werden 5 Jahre vor der äußersten Rückzahlungsfrist auf Grund von Vorschlägen der Daka Vereinbarungen mit dem Dn getroffen, die seiner persönlichen Lage angepaßt sind.

Geldmittel für Zweigstellen

Die Geldmittel für die Ausgabe von D werden den Zw in jedem Semester auf Grund eines Verteilungsplanes, den der Verwaltungsrat genehmigt, zur Verfügung gestellt („Zuteilungen"). Grundlage für den Schlüssel des Verteilungsplanes ist die Anzahl der Studierenden an den einzelnen Hochschulen in dem entsprechenden vorhergehenden Semester. Darüber hinaus steht der Hauptstelle ein Ausgleichsfonds zur Verfügung, um besondere Anforderungen befriedigen zu können.

Zu Beginn eines Semesters wird der Betrag mitgeteilt, der nach der allgemeinen Verteilung auf jede Zw entfällt. Nur bis zur Höhe dieser Beträge können D bewilligt und abgerufen werden. Erst wenn diese regulären Zuteilungen nicht ausreichen, um den vorhandenen berechtigten Bedarf an Darlehnsmitteln zu decken, besteht die Möglichkeit, bei der Hauptstelle eine Sonderbewilligung zu beantragen.

Die Verteilung der zur Verfügung stehenden Geldmittel auf die einzelnen Studierenden wird nach folgenden Grundsätzen vorgenommen:

Höhe eines Darlehns

Es sei besser, einer kleinen Anzahl von Studenten ausreichend zu helfen als einer großen Anzahl ungenügend. Nicht richtig wäre es, wenn die Höhe der zur Verfügung stehenden Summe und die Anzahl der eingegangenen Gesuche zur Grundlage für die Errechnung des auf den einzelnen entfallenden Betrages gemacht würde. Falls es notwendig wäre, mit sehr geringen Geldmitteln auszukommen, müßten an die Gesuchsteller so strenge Maßstäbe angelegt werden, daß nur eine entsprechend kleine Anzahl Studierender sie erfülle.

Der Zweck der Daka sei es, dem Studierenden in den letzten Semestern die Sorge für die wirtschaftliche Sicherung seines Studiums abzunehmen. Dieses Ziel werde nicht erreicht, wenn die monatlichen Zuschüsse zu den Lebenshaltungskosten zu niedrig und etwaige Zahlungen an die Hochschule nicht mit eingerechnet würden.

Über die Gesamthöhe eines D für eine Person werden generelle Angaben nicht gemacht, da in jedem Einzelfall die verschiedensten Nebenumstände zu berücksichtigen sind. Im allgemeinen gilt als Höchstbetrag für die Gesamtbelastung eine Summe von RM 2000,—. Hierbei wird nicht nur von den verfügbaren Geldmitteln ausgegangen, auch der spätere Beruf und die voraussichtliche finanzielle Leistungsfähigkeit des Dn wird berücksichtigt. Wenn es sich um Fälle handelt, in denen eine völlig ausreichende Unterstützung durch die Daka allein nicht sichergestellt werden kann, werden Stipendienmittel ergänzend herangezogen.

Erst wenn die vorstehenden Gesichtspunkte berücksichtigt werden, stehen auch die vorgeschriebenen Formalitäten sowie die Unkosten eines D in einem angemessenen Verhältnis zu seinem Nutzen.

Gleichzeitig mit der Bewilligung kann bestimmt werden, daß ein Teil des D den Zwecken, für die es beantragt ist, direkt zugeführt wird: z. B. Überweisung der Mittel für das Mittag- und Abendessen in der Mensa an den Wirtschaftskörper, Überweisung der Hochschulgebühren an die Hochschulkasse u. ä. Gleichfalls können Bestimmungen über die Höhe der einzelnen Raten getroffen werden, in denen das D ausgezahlt werden soll. Eine ratenweise Auszahlung wird meistens der Gesamtauszahlung vorgezogen, da der Student erfahrungsgemäß leicht zu unnötigen Ausgaben verleitet wird, wenn er größere Geldbeträge in die Hand bekommt.

Technische Verwaltungsregeln

Die auf viele Jahre hin laufende finanzielle Verantwortung in der Arbeit einer Daka erfordert große Exaktheit in allen Verwaltungsangelegenheiten. Hinzu kommt die wesenseigene Akkumulation, deren Umfang zu Beginn der Arbeiten in der Regel eher unterschätzt wird. Deswegen soll im folgenden noch auf einige wichtige Grundsätze technischer Natur im Rahmen der Zweigstellenarbeit hingewiesen werden.

Unterschriften

Zur verbindlichen Zeichnung in wichtigen Angelegenheiten sind grundsätzlich zwei Unterschriften erforderlich.

Die Bevollmächtigung erfolgt durch die Hauptstelle unter Verwendung von Vordrucken. Über die erteilten Vollmachten und die Zusammensetzung der örtlichen Ausschüsse wird dem Vorstand halbjährlich berichtet.

Personalkartei der Darlehnsnehmer

Die bewilligten D werden durch sogen. „grüne Karteikarten" angefordert (s. Anl. 17 S. 76). Diese bilden für die Hauptstelle zunächst die einzige Unterlage dafür, daß die D in jeder Hinsicht entsprechend den Richtlinien des Verwaltungsrates bewilligt worden sind. Die Unterzeichner derselben tragen hierfür die Verantwortung. Daher ist die doppelte Unterzeichnung in der oben gekennzeichneten Weise erforderlich. Sie werden für jedes Einzeldarlehn ausgestellt.

Da sie ferner die Grundlagen
a) für die Statistik der Daka und damit für etwaige Maßnahmen grundsätzlicher Natur,
b) für die bei der Hauptstelle alphabetisch geführte Kartei aller Dn und
c) für die Kontokorrent-Karten der Hauptverrechnungsstelle bilden,
ist eine vollständige und sorgfältige Ausfüllung unbedingt erforderlich.

Nach Prüfung und Richtigbefund der eingesandten Karten überweist die Hauptstelle ohne weiteres den angeforderten Gesamtbetrag oder verrechnet ihn gegen ihr Guthaben. Voraussetzung ist jedoch, daß sich die Anforderung im Rahmen der „Zuteilung" hält (siehe Seite 47).

Falls sich unter den angeforderten Beträgen D befinden, die für Studierende bestimmt sind, die früher schon bei einer anderen Zw D erhielten, macht die Hauptstelle gleichzeitig mit der Überweisung hiervon Mitteilung.

Schuldurkunde

Von der gewissenhaften Ausfertigung der Schuldurkunden und Bürgschaftserklärungen hängt die formale Rückzahlungsverpflichtung für ein D ab. Bei Vorliegen geringfügiger formaler Fehler kann das Dokument angefochten werden und daraus für die Daka ein Verlust erwachsen. Daher sind eine ganze Reihe von formalen Vorschriften genauestens zu beachten.

Zinsberechnung

Die Schuldurkunde (s. Anl. 15 S. 75) enthält Angaben über die Höhe der Schuldsumme, die Rückzahlungsfrist und Verzinsung. Die Z sind halbjährlich am 1. April und 1. Oktober jeden Jahres fällig. Sie werden postnumerando gezahlt, die Zinsberechnung beginnt mit Ende des Semesters zu laufen, in dem das D ausgegeben worden ist, so daß die Z für ein D, das im Juni 1931 ausgegeben wurde, erstmals fällig sind am 1. April 1932 in Höhe einer Halbjahrsrate. Der Ausgleich für den durch diese Regelung erwachsenden Zinsverlust kann u. U. bei der Rückzahlung erfolgen, falls mitten im Halbjahr gezahlt wird, da dann noch die Zinsen für das volle Halbjahr fällig sind. Die gesamte Regelung ist vor allem getroffen, um Verwaltungskosten zu sparen. Sie hat sich bewährt, die hierdurch entstehenden Zinsverluste sind relativ gering, die Unkostenersparnis dagegen erheblich. Z werden überhaupt erhoben, um die Adresse des Dn verfolgen zu können und um in ihm das Bewußtsein aufrecht zu erhalten, daß er eine Schuld abzahlen muß; ferner werden aus ihnen die Geschäftsunkosten gedeckt. Die Erhöhung der Z vom fünften Jahre an erfolgt, um die Rückzahlung zu beschleunigen.

In der Regel wird die Auszahlung an den Dn durch einen Scheck vorgenommen. Falls eine Barkasse der Zw vorhanden ist, muß der Bestand möglichst niedrig gehalten werden. Auszahlungen

Auszahlungen in Form einer Banküberweisung, Postanweisung oder Geldsendung werden auf unumgänglich notwendige Ausnahmefälle beschränkt, da sich in diesen Fällen bei der Quittungsleistung auf dem Vertrag leicht Schwierigkeiten ergeben.

Die eigentliche Darlehnsverwaltung nach Auszahlung der D fällt für die Zw fast völlig fort, da der größere Teil am Ende jeden Semesters — der andere nach Exmatrikulation des Dn — alle D an die Hauptstelle abgibt. Aus diesem Grund wird das Verfahren der Darlehnsverwaltung später zusammenfassend dargestellt. Abgabe der Darlehn an die Hauptstelle

Die Zw, die die D abgeben, sichten die Darlehnsakten in regelmäßigen Zeitabständen, mindestens einmal im Semester und senden a l l e Darlehnsunterlagen an die Hauptstelle.

Aus der Kontokarte muß für jeden Einzelfall hervorgehen: Ursprüngliche Höhe des D, eine etwaige R oder ein Verzicht der Dn auf Auszahlung, eine zu übertragende Zinsschuld oder ein Zinsguthaben, sowie die genaue gültige Adresse des Dn.

Es ist notwendig, die von der Übergabe betroffenen Dn zu benachrichtigen. Die hierfür bestimmten Formblätter werden von der Hauptstelle zur Verfügung gestellt. — Zu einer Übergabe-Sendung gehören in der Regel:

I. a) Gesuch, Lebenslauf, Zeugnis (wissenschaftliches und Werkarbeit), Empfehlungen, Vermögens- und Einkommensnachweis (evtl. beglaubigte Abschriften).
b) Schuldurkunde, Bürgschaft, Kontokorrent-Karte und Quittungen, soweit sie nicht auf der Schuldurkunde geleistet sind.
c) Der gesamte bisherige Schriftwechsel mit dem Dn (Originalschreiben des Kommilitonen und Durchschläge der Zweigstellenbriefe).
d) Die Originalbriefhüllen etwa unbestellbar zurückgekommener Schreiben, Postrückscheine auf dritte Mahnungen.

e) Auch unwichtig erscheinende Notizen werden mitgesandt, da bei Schwierigkeiten hieraus unter Umständen wichtige Anhaltspunkte für die Bearbeitung gewonnen werden können.

Nicht eingesandt werden:

II. a) Duplikatquittungen,
b) Steuerkarten,
c) Testierbücher,
d) Originalzeugnisse,
e) Buchungsbelege, die zu der Zweigstellenbuchhaltung gehören.

Die unter II b, c und d aufgeführten Unterlagen werden dem Dn zurückgegeben.

Örtliche Büroorganisation

Zur Unterstützung des Geschäftsführers können für die Erledigung rein technischer Arbeiten (Korrespondenz, Buchhaltung) nach vorheriger Verständigung mit der Hauptstelle Bürohilfskräfte herangezogen werden. In der Regel sind es Angestellte oder Hilfskräfte des Wirtschaftskörpers, die notwendige Arbeiten im Nebenamt gegen eine kleine Vergütung verrichten. Nur bei den größten Zw werden eigene Angestellte ganztägig beschäftigt.

Eine Rückvergütung von Unkosten durch die Hauptstelle erfolgt nur, wenn rechtzeitig vorher eine Verständigung über ihre Höhe herbeigeführt ist. In der Regel werden sie durch eine Pauschalvergütung abgegolten. Dieser Pauschalbetrag gibt den Zw eine gewisse Bewegungsfreiheit und vermeidet zeitraubende Nachprüfungen am Ende eines jeden Semesters.

Der größte Teil der Drucksachen, die eine Zw für ihre Arbeit braucht, wird von der Hauptstelle zur Verfügung gestellt, unter anderem folgende:

1. Merkblatt für die Bewerber um ein langfristiges D;
2. Richtlinien für die Gewährung von D;
3. Satzungen;
4. Darlehnsgesuch;
5. Bürgschaftserklärung nebst Abschrift;
6. Bescheinigung über die wirtschaftlichen Verhältnisse;
7. Vordruck für Dozentengutachten (Anl. 14 S. 74);
8. Rundschreiben über den Abschluß einer Lebensversicherung (Anl. 16 S. 75);
9. Schuldurkunde nebst Abschrift (Anl. 15 S. 75);
10. Merkblatt: „An die Dn der Daka . . .“, Form 1 (Anl. 19 S. 77);
11. Grüne Karteikarte (Anl. 17 S. 76);
12. Weiße Kontokorrent-Karte;
13. Zinsmahnformulare;
14. Journale für die Buchhaltung und 9 weitere Formulare.

Für die Aktenablage der Zw hat sich folgende Anordnung bewährt:

1. Schriftwechsel mit der Hauptstelle (nach Datum geordnet);
2. Rundschreiben der Hauptstelle (nach Nummern geordnet);
3. Buchungsbelege bzw. Kassenbelege (nach Nummern geordnet);
4. sämtliches zu einem Dn gehöriges Schriftgut in Personalakten alphabetisch geordnet (Schuldurkunde nebst Bürgschaften, Gesuche und etwaige Korrespondenz). Die Ordnung nach Nummern und Semestern ist durch die Kontokorrent- bzw. die Duplikate der „grünen“ Kartei gegeben.

Zweigstellen-Buchhaltung

Durch die Buchhaltung der Zw werden alle Vorgänge, durch die sich ihr Guthaben oder ihre Schuld zahlenmäßig verändert, schriftlich festgehalten, damit hierüber sowie über die einzelnen Vorfälle jederzeit ein Nachweis geführt werden kann.

Für die Buchhaltung werden sogen. „amerikanische Journale“ verwandt, die unter Berücksichtigung der besonderen Eigenheiten der Zw-Buchhaltung die schnellste Übersicht und Kontrolle aller Eintragungen ermöglichen.

Die Veränderungen des Guthabens und der Schulden der Zw werden auf einzelnen, im Journal eingerichteten Konten festgehalten. Unbedingt erforderlich sind folgende:

ein Eingangskonto (Kasse, Bank, Wikö, Postscheck),
das Kontokorrent-Konto (für die Dn),
das Hauptstellen-Darlehnskonto,
das Hauptstellen-Verrechnungskonto und
das Unkostenkonto.

Einzelne Posten, bei denen sich die Errichtung von Einzelkonten nicht lohnt, werden auf ein „Konto pro Diverse" gebucht.

Die Zw muß der Hauptstelle über alle Vorfälle, die auf den Hauptstellenkonten verbucht werden und von denen diese keine Kenntnis haben kann, Mitteilung machen. Unterlassungen in diesem Punkte führen unbedingt zu Differenzen. Diese Mitteilungen sind unter anderem notwendig für:

1. Eingänge von Kopfbeiträgen der Studierenden (RM 1,— im Semester),
2. Rückzahlungen und Verzichte auf D, die sich noch in der Verwaltung der Zw befinden,
3. Rückzahlungen und Zinseingänge für D, die der Hauptstelle zur weiteren Verwaltung übertragen wurden.

Für die Mitteilungen 2 und 3 sind Formulare vorhanden.

Am Ende jeden Semesters wird das Journal abgeschlossen. Alle Vorfälle, die das vergangene Semester betreffen, werden noch vorher verbucht. Über eine Reihe dieser Buchungen wird der Hauptstelle in der Regel Mitteilung gemacht. Hierzu gehören in jedem Fall folgende Angaben:

1. die Höhe der Unkosten (die Gesamtsumme ist vom Unkosten-Konto auf das Konto Hauptstelle-Verrechnung zu übertragen);
2. die Summe der fälligen Darlehnszinsen auf die von der Zw noch verwalteten D;
3. die Bankzinsen laut Gutschrift der Bank;
4. die Bankspesen laut Belastung der Bank.

Nach Verbuchung sämtlicher Beträge werden die einzelnen Spalten der Konten aufaddiert und der Saldo eingesetzt.

Die Gegenüberstellung sämtlicher Soll- und Haben-Salden bildet die Bilanz. Eine solche Bilanzaufstellung ist am Ende jeden Semesters der Hauptstelle einzusenden. Beispiel: Zweigstellen-Bilanz

Bilanz

Vermögen (Aktiva)		Schulden (Passiva)	
Kassakonto	630,—	Hauptst.-Darlehnskonto	5500,—
Bankkonto	270,—	Hauptst.-Verr.-Konto	25,—
Kontokorrent-Konto (Dn)	4625,—		
	5525,—		5525,—

Außer einer Bilanzaufstellung werden der Hauptstelle jeweilig per 31. März und 30. September Auszüge (d. h. Abschriften) der Hauptstellenkonten (Darlehns- und Verrechnungskonto) zugestellt. Diese dienen der Hauptstelle zur Kontrolle der Übereinstimmung zwischen den Hauptstellen- und Zweigstellenbuchungen. Aus diesem Grunde müssen die Auszüge als Unterlagen bei der Hauptstellenrevision unbedingt pünktlich vorliegen.

Der Semesterabschluß der Zw muß von einem vereidigten Bücherrevisor oder einer Treuhandgesellschaft kurz nach dem 31. März bzw. 30. September geprüft werden. Über die Revision wird der Hauptstelle in einem hierfür zur Verfügung gestellten Vordruck umgehend Bericht erstattet.

Finanzen Bei Gründung war zunächst daran gedacht, der Daka von den beteiligten Stellen — vor allem aus der Wirtschaft — ein Gesamtvermögen von M 50 000 000,— zur Verfügung zu stellen, das in jährlichen Raten von rd. M 6 000 000,— ausgeliehen werden sollte. Bis zum April 1923 zog sich die Einzahlung der in Aussicht genommenen Summe hin und fiel damit in die Zeit der täglich zunehmenden Entwertung des deutschen Geldes. Es wurden damals M 51 000 000,— von den staatlichen Stellen und M 56 000 000,— von der Wirtschaft zur Verfügung gestellt. Die Währungskatastrophe hat dann die Durchführung des kurz skizzierten Planes unmöglich gemacht. Schon sehr frühzeitig — im Oktober 1923 — stellte sich die Daka auf Goldmark um. Ermöglicht wurde ihr diese Maßnahme durch die zahlreichen Spenden ausländischer Stellen, vor allem der ehemaligen „Europäischen Studentenhilfe", dem jetzigen „Weltstudentenwerk". Rd. GM 95 000,— — eine Summe, die im Jahre 1923/24 einen außerordentlich hohen Realwert besaß — wurden von dieser Seite Inflation zur Verfügung gestellt. Bei Eröffnung der ersten Goldmarkrechnung per 30. 9. 1923 betrug das Vermögen GM 59 000,—. Ausgeliehenen Summen im Wert von $ 2500,— standen Forderungen von 5 cts. gegenüber.

Die völlig veränderte Situation nach Ende der Inflation führte auch zu einer Umstellung der Finanzierung. Die erforderlichen Beträge, die im Jahre 1925 auf GM 2 000 000,— jährlich geschätzt wurden, mußten durch laufende Zuschüsse gesichert werden. Finanzpläne, die von allen beteiligten Stellen — insbesondere vom Deutschen Reich und den Hochschulländern — gebilligt wurden, stellten die Grundlage hierfür dar. Der erste Finanzplan und seine Grundlagen — Höhe der Rücklagen, Rückzahlungsfristen — sind später geändert und den tatsächlichen Verhältnissen angepaßt worden. Der neueste Plan stammt vom Februar 1930 (s. Anlage 13 S. 71 ff.). Er hat sich bewährt und bildet jetzt die Finanzierungsgrundlage. Durch eine Schätzung der R bei einer jährlichen Darlehnsquote von 2 000 000,—, einer Verzinsung von 3 % in den ersten Jahren, später 6 %, einer jährlichen Beitragsleistung von RM 200 000,— seitens der Studierenden und einem bestimmten Reinertrag (Gesamtzinsaufkommen abzügl. Unkosten) ist der jährlich erforderliche Zuschuß von außen ermittelt worden. Die zunehmende Finanznot hat in der Folgezeit zunächst die Beiträge der Wirtschaft, später der Hochschulländer fast völlig zum Versiegen gebracht. Auch das Reich war zum Ausgleich nicht in der Lage, so daß unter Verminderung der jährlichen Ausgabesumme (1 800 000,— bis 1 700 000,—), durch verstärkte Heranziehung der Rücklagen (Zinsüberschuß und Beiträge der Studierenden) eine Basis für die Weiterarbeit gefunden werden mußte. Über die tatsächliche Entwicklung unterrichtet in großen Zügen die Anlage 21 S. 79.

Seit dem Jahr 1923 bis zum 30. 9. 1931 haben in runden Zahlen zur Verfügung gestellt: Finanzieller Stand Herbst 1931

Reich	rd. RM	9 000 000,—	rd. 70 %
Länder	rd. „	1 900 000,—	rd. 15 %
Wirtschaft u. Sonstige	rd. „	350 000,—	rd. 3 %
Studierende	rd. „	1 550 000,—	rd. 12 %
	Sa.: RM	12 800 000,—	100 %

Zur Deckung von Verlusten, die durch nicht zurückgezahlte D entstehen, wird ein „Sicherheitsfonds“ angesammelt, für den jeder deutsche Student einen Betrag von RM 1,— je Semester zahlt. Ferner fließt in ihn die Hälfte des jährlichen Reingewinnes, während die andere Hälfte dem Deutschen Studentenwerk für seine Arbeit zur Verfügung gestellt wird. (Im Geschäftsjahr 1932 / 33 rund RM 150 000,—, § 7 der Satzung). Der Sicherheitsfonds ist auf 5 % der insgesamt ausgeliehenen D begrenzt. Überschießende Beträge werden zur Darlehnsausgabe verwandt.

Ausgeliehen wurden vom 1. Oktober 1923 bis 30. September 1931 rd. RM 12 880 000,—, von denen rd. RM 1 500 000,— schon vor endgültiger Fälligkeit zurückgezahlt sind (s. Anl. 22/23 S. 80). Im Durchschnitt aller Semester betragen danach die R rd. 12%. Die Quoten der ersten Ausgabetermine sind 67 %, 58 % und 41 %. Angesichts der schweren Wirtschaftsdepression kein ungünstiges Bild. Die bisherigen Verluste betragen im Gesamtdurchschnitt 0,2 %, die des ersten Termines 3,5%. Es ist fraglich, ob die im Sicherheitsfonds befindliche Rücklage von 5 % bei endgültiger Abrechnung ausreichen wird. Da jedoch auch weiterhin jährlich aus dem Zinsüberschuß erhebliche Beträge frei werden, ist anzunehmen, daß der endgültige Ausfall gedeckt werden kann. Nähere Einzelheiten sind aus den Anlagen 22 und 23 zu entnehmen. Gesamtausleihung, Rückzahlung

Die bis 30. 9. 1931 entstandenen Verluste von rd. RM 30 000,— sind in Höhe von rd. RM 20 000,— durch Todesfälle verursacht. Der Rest entfällt auf unheilbare Krankheit,Böswilligkeit und Vermißte. Von 228 Todesfällen sind rd. 66 % auf Krankheiten (vor allem Tbc), 23 % auf Unfälle (vor allem Sport), 11 % auf Selbstmord zurückzuführen. Innerhalb aller Todesfälle bedeuten die RM 20 000,— rd. 20 %, d. h. durch Tod waren RM 100 000,— Kapital gefährdet. Rd. 80 % hiervon waren durch Bürgschaften gesichert, der Rest war nicht gedeckt. Rd. 45 % haben die Bürgen tatsächlich übernommen, rd. 35 % dagegen Nichtbürgen. Von den Bürgschaften haben 15 % versagt. Ein deutliches Zeichen aber für die Verbundenheit der ehemaligen Studierenden und ihrer Angehörigen mit der Daka ist die Tatsache, daß 60 % der nicht verbürgten D von den Angehörigen übernommen worden sind. Nur 23mal wurden bei Verluste offensichtlicher Böswilligkeit die Gerichte bisher in Anspruch genommen. Von 19 Schuldnern konnte eine Zahlung erlangt werden, in vier Fällen konnte nichts erreicht werden.

Gesamtanzahl

Insgesamt wurden (ohne Inflationszeit) 45 727 Einzeldarlehn ausgegeben. Da ein Dn in der Regel mehrere D erhält (im Durchschnitt zwei), ist die Anzahl der D nicht identisch mit der Anzahl der Dn; diese beträgt rd. 22 800. Hiervon haben etwa 4000 ihre Schulden völlig getilgt, so daß am 30. 9. 1931 Verbindung mit etwa 19 000 Menschen bestand. Im Durchschnitt aller Semester werden hiernach von der Daka rd. 1430 Studierende gefördert, die weder gemessen an der Gesamtzahl der Studierenden (130 000) noch an der Anzahl der letzten Semester (rd. 35 000) als sehr hoch bezeichnet werden kann. Nähere Einzelheiten sind aus den Anlagen 22, 23 S. 80 zu entnehmen.

Unkosten

Die Unkosten entstehen bei der „Hauptstelle" (Generalia, Werbung, Verteilung der Geldmittel, Hauptbuchhaltung, Kontrolle der Zw.), der „Hauptverrechnungsstelle" (Zins- und Rückzahlungseinziehung, Kontokorrent-Buchhaltung) und den „Zweigstellen" (Darlehnsbewilligung und Auszahlung). Ihre absolute Höhe (1930/31 ca. RM 190 000,—*) ergibt keine Grundlage für die Beurteilung ihrer Berechtigung. Einen Maßstab erhalten wir, wenn die Verwaltungsunkosten bezogen werden auf die verwalteten Darlehnsmittel. Hiernach betrugen sie im Geschäftsjahr 1925/26=2,68% und haben abgenommen auf rd. 1,5 % 1930/31. Sie betrugen 1925/26 = 96,7 % des Rohgewinnes und 1931/32 werden sie noch rd. 40 % betragen. Gemessen an rein wirtschaftlichen Maßstäben kann die Arbeit der Daka danach bestehen. Für RM 30 000,— jährlich wird für jeden Dn kostenlos die Zeitschrift „Studentenwerk" geliefert. Die mit dieser Aktion verbundenen Hoffnungen haben sich erfüllt, so daß diese hohe Ausgabe gerechtfertigt wurde. Die innere Bindung an die studentische Wirtschaftsarbeit ist wesentlich gestärkt worden. Ihren praktischen Ausdruck findet diese Tatsache darin, daß rd. 60 % aller Dn nach R als Mitglieder des „Deutschen Studentenwerks" der Arbeit verbunden bleiben.

Hauptverrechnungsstelle

Eine beabsichtigte Akkumulation der Verwaltungsarbeit entsteht nur an einem Punkt, nämlich der zentralen HVR. Diese Lösung ist einer Verteilung der Arbeiten auf 51 Stellen vorzuziehen, weil dann arbeitsparende Methoden der modernen Büro-Organisation Anwendung finden können und zugleich die notwendige Kontinuität durch Beschäftigung hauptamtlicher Spezialkräfte gesichert ist. Die Arbeit der Zw bleibt — abgesehen von der vermehrten Arbeit infolge der Steigerung der allgemeinen wirtschaftlichen Notlage — in jedem Semester die gleiche. Eine in dem Aufbau der Daka selbst begründete zwangsläufige Erweiterung des Arbeitsumfanges tritt nicht

*) RM 190 000,— stellen reine Verwaltungskosten dar, ohne Berücksichtigung von RM 30 000,—, die für den Bezug der Zeitschrift „Studentenwerk" für jeden Darlehnsnehmer gezahlt wurden.

ein. Dasselbe gilt von der Hauptstelle und Hauptbuchhaltung. Der Umfang der HVR wächst dagegen jährlich an, solange nicht die R und Neuauszahlungen sich die Wage halten. Dieser Zeitpunkt soll 1934 eintreten. Da auch der absolute Umfang der Arbeit sehr groß ist (rd. 20 000 Konten), die durchschnittliche Höhe eines D jedoch relativ niedrig — (rd. RM 500,—, d. h. auch der Ertrag eines Kontos gering ist, während die aufgewandte Verwaltungsarbeit gleichbleibt, ob das Konto RM 2000,— beträgt und jährlich RM 60,— bringt oder nur RM 15,—) — und trotzdem äußerste Exaktheit erforderlich ist, mußte von vornherein eine Zeit und Menschen sparende Arbeitsmethode zur Anwendung kommen. Kompliziert werden die Verhältnisse durch den Saisoncharakter der Tätigkeit (Halbjahrszinstermine) und die damit verbundenen Arbeitsspitzen sowie den geringen Umsatz pro Konto. Teure Spezial-Buchungsmaschinen werden dadurch von vornherein unanwendbar, da sie nicht genügend ausgenutzt wären, um sich zu amortisieren. Der niedrige Durchschnittsbetrag je Konto, die große Zahl der Dn und ihre gleichmäßige Verteilung über alle akademischen Berufe und alle deutschen Landesteile ist anderseits die sicherste Gewähr dafür, daß sich das Gesetz der großen Zahl auswirken kann und auch durch Katastrophen nur in seltenen Fällen die Gesamtheit der ausstehenden Mittel gefährdet sein wird. Um diese Vorteile auch voll ausnutzen zu können, mußte die Daka zu einem Arbeitsverfahren bei Einziehung der Z und R gelangen, das sowohl bei dem kleinsten Arbeitsumfang noch wirtschaftlich arbeitete, als auch für die größten Verhältnisse ausreichte. Es hat sich später gezeigt, daß sich die schon 1925 entwickelten Methoden bewährten und auch mühelos auf andere Gebiete des Verwaltungswesens übertragen lassen. Änderungen der im folgenden geschilderten Arbeitsweise waren seitdem nicht erforderlich.

Kontokorrent-Buchhaltung

In der Kontokorrent-Buchhaltung werden mit Hilfe des Durchschreibeverfahrens unter Anwendung spezieller Formulare gleichzeitig mit jeder Buchung Mitteilungen (Zinsbelastung, Mahnung I—III), die früher einzeln geschrieben werden mußten, in einem Arbeitsgang erledigt. Hierdurch können ferner auch Übertragungsfehler vermieden werden, die früher eine Quelle großer Zeitversäumnisse waren. Im gleichen Augenblick werden vorgenommen: Buchung auf dem Konto des Schuldners, Ausschreiben der Mitteilung hierüber und Buchung im Journal (Primanota) (s. Anl. 24 S. 81). Die Kontokarte erfüllt gleichzeitig die Aufgaben eines Anschriftenverzeichnisses und enthält statistische Angaben über den Werdegang jedes einzelnen nach Verlassen der Hochschule.

Hauptbuchhaltung

Ein entsprechendes Verfahren findet in der Hauptbuchhaltung Anwendung, wenn Buchungen auf den Zweigstellenkonten ausgeführt werden. Hier werden in einem Arbeitsgang erledigt: Buchung auf dem Zweigstellen-Konto, Ausschreiben einer Mitteilung, Anfertigung des Duplikats der Mitteilung für die Akten und Buchung in dem Journal (Primanota) (s. Anl. 25 S. 82).

Schriftwechsel

Um bei dem sehr umfangreichen Schriftwechsel (je Arbeitstag durchschnittlich 50 Nachrichten) zeitraubende Denkarbeit zu ersparen, wurden Schemabriefe (vervielfältigt) — falls das unmöglich war, Typenbriefe (Vorlage für Abschriften) — entworfen. Hierdurch wird dem verantwortlichen Leiter die Sicherheit gegeben, daß weder Sprach- noch psychologische Fehler vorkommen. Auch weniger qualifizierte — (billigere!) — Arbeitskräfte können den Schriftwechsel nach kurzen Angaben führen.

Eine Arbeitsteilung, die jeden an den Platz stellt, an den ihn seine besondere Eignung weist, in Verbindung mit Prämien für Massenarbeiten, vervollständigt diese Maßnahmen, die auch ohne große Büromaschinen durchgeführt werden können. Schreibmaschinen (für Buchhaltung eingerichtet) und zwei einfache Additionsmaschinen stellen den gesamten „Maschinenpark" dar.

Trotz dieses notwendigen Apparates muß Vorsorge getroffen sein, daß der besondere Charakter der Arbeit nicht verloren geht und der Empfänger nie das Gefühl hat, einem gefühllos arbeitenden kaufmännischen Unternehmen gegenüberzustehen. Der wichtigste Punkt

Angestellte

ist hier die Auswahl der geeigneten Personen als Mitarbeiter, sowie deren Erziehung. Alle anderen Maßnahmen können nur subsidiär wirken. Die oben erwähnten Typenbriefe können eines dieser Hilfsmittel werden, da ihr Ton und ihre Argumente vorbildlich wirken werden auch für alle anderen nicht „genormten" Äußerungen, die dem Dn zugehen. Es bestehen 24 Haupttypen von Briefen für folgende Fälle, die je wieder in eine Reihe von Unterabteilungen zerfallen:

Typ 1: Bewilligung einer Stundung.
„ 2: Mitteilung über Erlaß der R.
„ 3: Ablehnung einer Auskunft an Dritte.
„ 4: Empfangsbestätigung einer R.
„ 5: Aufklärung über Zinsberechnung.
„ 6: Beantwortung einer Nachricht über Zinszahlung an Zw.
„ 7: Vorhaltungen nach erfolglosen Mahnungen; Aufklärung über einen Erlaß der Z.
„ 8: Aufklärung über Notwendigkeit der Mahnungen.
„ 9: Anfrage nach Anschrift des Dn bei Dritten.
„ 10: Anfrage beim Einwohnermeldeamt.
„ 11: Anforderung des vertraglichen Jahresberichtes.
„ 12: Zinsstundung in schwierigen Fällen.
„ 13: Berücksichtigung einer Erkrankung.
„ 14: Bitte an Bürgen oder Angehörigen um Übernahme des D nach Tod des Dn.
„ 15: Rückfrage beim Postscheckamt nach unleserlichem Absender.
„ 16: Anmahnung von erforderlichen Unterlagen für einen Tilgungsaufschub; Zurückziehung der Bereitwilligkeit nach vergeblicher Mahnung.
„ 17: Ankündigung weiterer Schritte nach Ablauf einer vorbehaltlichen Stundung.

Typ 18: Inanspruchnahme des Bürgen; Bitte um Vermittlung an Angehörige.
„ 19: Zinsstundung bei besonderer Notlage.
„ 20: Antwort bei Kreuzung einer Mahnung mit Zinszahlung.
„ 21: Antwort auf negative Äußerung zu Rückzahlungsvorschlag.
„ 22: Zinsstundung bei Häufung von Mahnungen.
„ 23: Dank für Abschluß einer Lebensversicherung; Gutschrift der Werbekostenentschädigung als Zinszahlung.
„ 24: Benachrichtigung der Erben eines verstorbenen Bürgen vom Übergang der Verpflichtungen.

Um diese Sammlung in der Praxis mit der notwendigen Schnelligkeit und Präzision verwenden zu können, ist ein Stichwortverzeichnis erforderlich! Sämtliche Drucksachen müssen in ihrem Inhalt und ihrer äußeren Aufmachung den gleichen Geist atmen. Hierher gehört z. B. das Merkblatt (s. Anl. 19 S. 77), das jeder Dn nach Empfang seines D erhält, sowie die Dankurkunde für diejenigen, die vorzeitig aus eigenen Mitteln das D zurückzahlen (s. Anl. 18 S. 77).

Im folgenden soll noch kurz der eigentliche Arbeitsgang der HVR dargestellt werden.

Die Vorgänge lassen sich in drei große Gebiete einteilen:

Übernahme der D von den Zw,
Führung der Kontokorrent-Konten,
Abwicklung des Schriftwechsels.

Die ausgegebenen Darlehnsbeträge werden durch Belastung des Kontos, das für jeden Dn bei der Hauptstelle geführt wird, übernommen (Gutschrift für jede Zw in einer Gesamtsumme durch die Hauptbuchhaltung unter Übersendung eines Buchungsbeleges). Die Endsummen verbucht die Hauptbuchhaltung in einer Gesamtsumme auf dem Kontokorrent-Konto „Darlehnsnehmer" und dem Ertragskonto „Darlehnszinsen". Die eingehenden Zins- und Rückzahlungen werden gutgeschrieben. Wiederum erfolgt die Verbuchung des Gesamtumsatzes durch die Hauptbuchhaltung. Die täglichen R werden nach Ausgabesemester der D aufgegliedert. Die Gesamtbuchung erfolgt bei der Hauptbuchhaltung auf Rückzahlungskonto.

Die eingehende Durchsicht der bei der Darlehnsabgabe eingesandten Unterlagen auf Vollständigkeit und Ordnungsmäßigkeit ermöglicht eine letzte Kontrolle der Zw, eine wichtige Nebenwirkung! Die Dokumente und Schriftstücke werden dann in den Ordnern abgelegt, in denen für jeden Dn ein bestimmter Platz schon vorgesehen wird, sobald ihm eine Zw ein D bewilligt. (Unterlage „grüne Karteikarte"!)

Führung der Kontokorrentkonten

Durch die Zinszahlung, die zweimal im Jahre erfolgt, soll in der Hauptsache die Verbindung mit dem Dn bis zur R dauernd aufrechterhalten werden. Wichtig ist daher die Feststellung seines jeweiligen Aufenthaltsortes. Die Freizügigkeit des deutschen Studenten und auch Akademikers in den ersten Berufsjahren schafft hier besonders schwierige Verhältnisse. Die neueste genaue Anschrift wird deshalb auf der Kontokarte vermerkt. Zinsvorauszahlungen werden nicht entgegengenommen, da hierdurch die zwangsläufige

Verbindung unterbrochen würde. Falls höhere Zahlungen als die fälligen Z eingehen, wird der überschießende Betrag als R verbucht.

Das Ausschreiben der Benachrichtigungen über die Zinsbelastung erfolgt in der vorher kurz gekennzeichneten Weise.

Etwa 3 % der Mitteilungen über die Belastung kommen als unbestellbar wegen Adressenänderung zurück. Sie werden erneut versandt und vermindern sich dann schnell, so daß mit der Verfolgung der Anschrift in den seltensten Fällen größere Schwierigkeiten verknüpft sind.

Zins- und Rückzahlungsmahnungen

Zinsen, die einen Monat nach Fälligkeit nicht eingehen, werden angemahnt. Die erste bis dritte Zins- oder Rückzahlungsmahnung erfolgt auf vorgedruckten Formularen unter gleichzeitiger Belastung des Darlehnsnehmer-Kontos (wie oben!) mit Mahngebühren. Der Gesamtbetrag wird in die Hauptbuchhaltung übernommen. Die vierte Mahnung erfolgt durch vervielfältigte Briefe mit eingesetzten Anschriften, Namen und Beträgen; die Portospesen werden den einzelnen Dn belastet.

Wenn auch die vierte Zins- oder Rückzahlungsmahnung erfolglos ist, setzt die aktenmäßige Einzelbearbeitung der Fälle ein. Die Bürgen oder Angehörigen werden um Vermittlung gebeten. Wenn auch diese Schritte keine Wirkung haben, kommt eine Inanspruchnahme der Bürgschaft in Frage. In vereinzelten Fällen, wenn Böswilligkeit vorliegt, werden gerichtliche Schritte gegen die Dn und Bürgen eingeleitet.

Falls sich Zinsstundungen unter keinen Umständen vermeiden lassen, stellt ein Vierteljahr die längste Zeit dar, für die sie ausgesprochen werden.

Die Entwicklung eines Mahnganges gestaltete sich in der Regel folgendermaßen: Ohne Mahnung, nach der Zinsbelastung, besteht Verbindung mit rd. 77 % der Dn, nach der ersten Mahnung mit rd. 88 %, nach der zweiten Mahnung mit rd. 93 %, nach der dritten mit rd. 97 %, nach der vierten mit rd. 99 %. Die dritte Mahnung wird ein halbes Jahr, die vierte ¾ Jahr nach Fälligkeit versandt. Von da an setzt die individuelle Bearbeitung ein.

Von den insgesamt seit 1923 bis 30. 9. 1931 fälligen Z in Höhe von RM 940 500,— sind rd. 91 % bar eingezahlt worden. Die restlichen 9 % = RM 84 900,— enthalten rd. 4,6 % = RM 43 200,— Stundungen, die erfahrungsgemäß zum allergrößten Teil eingehen. Die übrigen 4,4 % = RM 41 700,— sind längere Zeit rückständig. Hiervon sind RM 17 400,— als sehr fraglich zu bezeichnen. Diese Summe entfällt auf ein Darlehnskapital von RM 188 600,— = 2 %, das im Durchschnitt aller Semester als gefährdet bezeichnet werden kann.

3 Jahre vor dem spätesten Rückzahlungstermin wird für jeden Dn ein Tilgungsplan aufgestellt, der dem Einzelfall angepaßt ist und in einen vervielfältigten Brief eingefügt wird. Die Innehaltung dieser Tilgungsvorschläge wird beobachtet und gemahnt.

Dn, die zur Sicherstellung ihrer Bürgen und Angehörigen eine Lebensversicherung für ihr D abschließen, erhalten ein Dankschreiben. Ferner wird die der Daka zufließende Werbekostenentschädigung für die nächsten Darlehnszinsen gutgeschrieben.

Beim Tode eines Dn werden Verhandlungen mit Bürgen und Hinterbliebenen geführt. Anträge auf Niederschlagung des D werden geprüft und gegebenenfalls an den Vorstand zur Entscheidung weitergeleitet. Beim Tod eines Bürgen werden seine Erben ermittelt und vom Übergang der Bürgschaftsverpflichtung unterrichtet. Beim Konkurs eines Bürgen muß die Bürgschaftsforderung gerichtlich angemeldet werden.

Halbjährlich werden alle Konten getrennt nach K und Z aufgenommen. Das Gesamtergebnis wird mit dem Konto „Darlehnsnehmer" in der Hauptbuchhaltung abgestimmt.

Konten der Hauptbuchhaltung

Die Hauptbuchhaltung faßt auch die übrigen Einzelergebnisse der Arbeit zusammen und führt die Ertrags- und Unkostenkonten sowie die Gegenkonten für die Buchhaltung der Zw und HVR.

Die wichtigsten Konten sind:

I. a) Aktivkonten
- Zweigstellen-Darlehnskonten (Darlehns-Außenstände der Zw = Auszahlungen minus R)
- Hauptstellen-Darlehnskonto (Darlehnsaußenstände der HVR)
- Zweigstellen-Verrechnungskonten (Forderungen der Hauptstelle an die Zw, außer Darlehnsforderungen)
- Zentral-Verrechnungskonto (Gesamtbuchungen der Zins- und Gebühren-Forderungen an die Dn bei der Hauptstelle)
- Verschiedene Forderungen (Angestellte, Lieferanten u. ä.)
- Banken, Kasse, Postscheck
- Inventar-Konto (es werden jährlich Abschreibungen vorgenommen)
- Betriebsunkostenkonten

b) Passivkonten
- Kapital-Konten
  - Reich
  - Länder
  - Wirtschaft
  - Überschuß aus Sicherheitsfonds
  - Eigene Werbung der Zw
- Sicherheitsfonds
- Betriebseinnahmen-Konten (= Darlehnszinsen, Mahngebühren, Bankzinsen u. ä.)

II. Dispositions-Konten
- Gesamt-Rückzahlungen
- Konten für die Semester-Rückzahlungen (getrennt nach einzelnen Semestern)
- Darlehnsmittel-Verteilung (Gesamtübersicht)
- Darlehnsmittel-Verteilung auf die einzelnen örtlichen Stellen.

Aus einer Gegenüberstellung des Ergebnisses der Aktiv- und Passiv-Konten entsteht die Jahresbilanz. Ein Musterbeispiel hierfür ist in Anlage 26 S. 83 enthalten.

Wissenschaftlich-statistische Ermittlungen

Die Jung-Akademiker

Die vielerlei Bindungen zum Teil auch persönlicher Natur lassen es verständlich erscheinen, daß die Daka auch Feststellungen wissenschaftlich-statistischer Natur über das Schicksal der von ihr betreuten Jung-Akademiker anstellt. So werden u. a. bei Bearbeitung der Briefe Examensnoten und Berufsfunktion notiert. Berichte der Dn über ihre wirtschaftliche und berufliche Lage werden angefordert (s. Vertrag!). Typische, wertvolle oder interessante Antworten werden in einer Kartei vorgemerkt.

Die Möglichkeit, eine große Anzahl ehemaliger Studierender auf ihrem weiteren Lebensweg zu verfolgen, bietet sich in Deutschland für einen so neutral zusammengesetzten und gleichmäßig gemischten Sektor nur durch Erfassung der Menschen, die durch die Daka gegangen sind. Aus diesem Grunde wurde schon von Anfang an dafür gesorgt, daß die notwendigen Angaben leicht greifbar laufend gesammelt oder auch von Zeit zu Zeit ausgewertet werden. Bei einer Reihe von Auswertungen hat sich gezeigt, daß die in diesem Kreis ermittelten Tatsachen als typisch auch für die Allgemeinheit angesehen werden können. Verwiesen sei vor allem auf die verschiedenen Veröffentlichungen in der Zeitschrift „Studentenwerk"*). U. a. wird verfolgt: Die berufliche Entwicklung, der Auslandsaufenthalt, die Entwicklung der Auslandsdeutschen, die Entwicklung der weiblichen Studierenden, der Lebensweg der Menschen aus den unteren sozialen Schichten. Ergänzt werden diese Angaben durch eine Betriebsstatistik sowie eine Statistik über die Auslesearbeit der Zw. Erstere enthält folgende Angaben: Gesamthöhe der D, R, Zinszahlungen, Stundungen, Studienabschluß, Arbeitslosigkeit, Todesfälle, Erfolge gerichtlicher Schritte u. ä. m.

Die letztere ermittelt vor allem Tatsachen, die in Ergänzung der Buchhaltungsangaben klare Feststellungen darüber ermöglichen, ob eine Reihe von formalen Bestimmungen durch die Zw innegehalten werden. Durch diese Feststellungen ist nicht der Grad der Auslese zu ermitteln, obgleich es auch hier Feststellungen gibt, die Rückschlüsse zulassen, wie z. B. die Examensnoten, die Berufsstellungen und der Anteil der Arbeitslosen an den ehemaligen Dn. Mit „sehr gut" und „gut" bestandene Examina entfallen auf rd. 88 % aller Dn, genügende auf rd. 11,5 %, und nur 0,5 % haben das Examen nicht bestanden. Die Arbeitslosigkeit betrug Ende 1931 nur rd. 8 %, obgleich es sich um Akademiker handelt, die im Durchschnitt erst drei

*) H. G. Merkel, „Die Daka in Zahlen" (5 Jahre [1923—1928] Begabtenförderung), „Stud.-Werk" 3. Jahrg. S. 208, 1929. — H. G. Merkel, „Akademikerschicksale in der Nachkriegszeit", „Stud.-Werk" 3. Jahrg. S. 226, 1929. — H. G. Merkel, „Die berufl. Entwicklung der Dn", „Stud.-Werk" 4. Jahrg. S. 190, 1930. — H. G. Merkel, „Zur sozialen Lage der Studierenden" (Ein Beitrag aus der Daka), „Stud.-Werk" 5. Jahrg. S. 66, 1931. — H. G. Merkel, „Das Studium Auslandsdeutscher im Reich" (statistische Erhebungen der Daka), „Stud.-Werk" 5. Jahrg. S. 212, 1931.

Jahre im Berufsleben stehen, und obwohl die Arbeitslosigkeit unter den Jung-Akademikern in Deutschland zum gleichen Zeitpunkt (Dezember 1931) wesentlich höher geschätzt wird. Die Dn ohne Studienabschluß sind zu rd. 56 % arbeitslos!

Die anderen obenerwähnten statistischen Angaben werden durch die halbjährlich stattfindende Auswertung der Anforderungskarten der Zw („grüne Karteikarten" s. Anl. 17, S. 76) gewonnen. Die Karteikarten werden sofort bei Eingang genauestens geprüft und, falls erforderlich, nach Rückfrage berichtigt. Für die Ausfüllung bestehen genaue Vorschriften. Die Richtigkeit der Angaben steht im Gegensatz zu vielen anderen hochschulstatistischen Ermittlungen unbedingt fest. Die Anordnung und Schlüsselung der Angaben läßt auch jederzeit eine Übertragung auf Karten des Hollerith-Systems zu. Die Auswertung wird nach folgenden Gesichtspunkten vorgenommen:

Die Studierenden

Höhe der D
Alter der Dn
Kriegsteilnahme
Geschlecht
Staatsangehörigkeit
Studienfach
Studienunterbrechung
Studienwechsel
Semesteranzahl
Werkarbeit
Soziale Herkunft

Familienverhältnisse:
Pensionierung, Erwerbslosigkeit, Tod des Vaters; Scheidung, Tod beider Eltern; Anzahl der Geschwister, unversorgte Geschwister; Höhe des Monatswechsels neben der Hilfe der Daka

Jede Zw erhält über das statistische Ergebnis, das sie selbst betrifft, halbjährlich eine Aufstellung.

Um an einem Beispiel die vorliegenden Möglichkeiten zu erläutern, ist als Anlage 27 S. 84 f. die besonders wichtige Sozialstatistik S. S. 1931 beigefügt. Sie gibt u. a. Aufschluß darüber, daß tatsächlich Menschen aus den minderbemittelten Volkskreisen in erheblichem Umfang gefördert werden. Zum Verständnis sei noch erwähnt, daß in Deutschland der Anteil der oberen sozialen Schicht an allen Studierenden rd. 46 %, der mittleren Schicht rd. 52 % und der unteren Schicht 2 % beträgt. Für die eigene Arbeit — und darüber hinaus in vielen Fällen für die Allgemeinheit — sind derartige Angaben von großem Wert. Ähnliche Feststellungen lassen sich auch für eine große Anzahl anderer Aufgabengebiete der Daka treffen.

Persönliche Angaben

Die Vorarbeiten für die Darlehnskasse des Deutschen Studentenwerks wurden im Jahre 1921 von einem Ausschuß durchgeführt, an dem beteiligt waren:

Prof. Dr. Wilhelm von Blume, Geheimrat Prof. Dr. Carl Duisberg, Geh. Legationsrat Dr. Walther Frisch, cand. chem. et rer. pol. Kurt Fudickar, Prof. Dr. Hans Gehrig, Geheimrat Prof. Dr. Andreas Hugo Krüß, Reichskanzler a. D. D. Dr. Georg Michaelis, der Hauptgeschäftsführer der damaligen „Wirtschaftshilfe der Deutschen Studentenschaft" Assessor Dr. jur. Reinhold Schairer, cand. ing. Karl Schwabach, Dr. h. c. Emil Georg von Stauss, Max M. Warburg.

Im Jahre 1932 setzen sich die Verwaltungsorgane in persönlicher Hinsicht folgendermaßen zusammen:

Vorstand:

Vorsitzender: v. Stauss, E. G., Dr. Dr. h. c., Deutsche Bank und Disconto-Gesellschaft, Berlin, Schatzmeister: Frisch, W., Geh. Legationsrat Dr. Dr., Direktor der Dresdner Bank, Berlin, Stellvertr. Vorsitzender: Duisberg, C. Geh. Rat, Prof. Dr. Dr. h. c., Leverkusen/Rh. Stellvertr. Vorsitzender: Michaelis, G., Excellenz, D. Dr., Oberpräsident a. D., Saarow/Mark.

Geschäftsführung:

Hauptgeschäftsführer: Schairer, R., Dr. jur., Geschäftsführer: Merkel, H. G., Referenten: Eberhard, H., Kuhr, H., Dr. jur.

Verwaltungsrat:

a) Vertreter der Regierungen: Albrecht, Ministerialrat Dr.-Ing., Braunschweig, Vertreter der Länder: Braunschweig, Mecklenburg, Hamburg, Thüringen. Bauer, Ministerialrat, Dr., Stuttgart, Vertreter der Länder: Württemberg, Hessen, Sachsen. Leist, Ministerialrat Dr., Berlin, Vertreter des Landes Preußen. Pellengahr, Ministerialdirektor, Berlin, Vertreter des Deutschen Reiches. Thoma, Ministerialrat Dr., Karlsruhe, Vertreter der Länder: Baden, Bayern. b) Vertreter des Hochschulverbandes: Kähler, Prof. Dr., Greifswald, Schlink, Prof. Dr., Darmstadt, Tillmann, Prof. Dr., Bonn. c) Studentische Vertreter: Askevold, cand. ing., Berlin. Eilert, Geschäftsführer, Halle, Grefe, Dipl. rer. pol., Kiel, Link, cand. jur., Berlin, Stiebeling, cand. mach., Hannover, Stockhausen, Dr., Bonn, Straub, cand. arch., Dresden. d) Vertreter des öffentlichen und wirtschaftlichen Lebens: Duisberg, Geh. Rat, Prof. Dr. Dr. h. c., Leverkusen, Frisch, Geh. Legationsrat, Dr. Dr., Direktor der Dresdner Bank, Berlin, Frowein, stellv. Vorsitzender des Reichsverbandes der Deutschen Industrie, v. Klemperer, Dr. Direktor der Dresdner Bank, Dresden, Kotzenberg, Generalkonsul, Dr. h. c., Frankfurt/M., Mulert, Dr., Präsident des Deutschen Städtetages, Berlin, v. Stauss, Dr. Dr. h. c., Deutsche Bank und Discontogesellschaft, Berlin. e) Michaelis, Excellenz D. Dr., Oberpräsident a. D., Saarow/Mark, Schreiber, Prälat Prof. D. Dr. Dr. h. c., Münster, Knoll, Allgem. Deutscher Gewerkschaftsbund, Berlin.

Schluß-bemerkung

Die organische Entwicklung der Deutschen Darlehnskasse aus einer einheitlichen ideellen Konzeption heraus hat mit überraschender Folgerichtigkeit eine von allen Seiten anerkannte und in sich gefestigte Arbeit völlig neuen Stils im traditionsgebundenen deutschen Hochschulleben erstehen lassen. Ihr Aufbau auf kleinsten örtlichen Einheiten ermöglicht — in Verbindung mit der zurückhaltend und vorsichtig abwägend geschaffenen verwaltungsmäßigen Zusammenfassung — Nutzanwendungen auch unter anderen Verhältnissen bei Entstehung ähnlicher Institutionen.

Daß aber geistige und wirtschaftliche Kräfte in allen Ländern am Werke sind — zum Teil noch unbewußt ihres Gleichschritts —, darf als das überraschende Ergebnis der vorstehenden Ausführungen bezeichnet werden. Es ist sicher, daß sich aus dieser Erkenntnis neue Beziehungen und Möglichkeiten einer Zusammenarbeit der akademischen Jugend verschiedener Länder ergeben dürften, die vor allem einen sehr konkreten Inhalt haben werden. Es ist zu hoffen, daß sie — wie schon bisher alle wirtschaftlichen Fragen — eine Verbreiterung der tragfähigen Grundlagen für derartige Begegnungen bilden werden.

Verzeichnis der Anlagen

Anlage 1/2.

A M E R I K A , Harmon Foundation:

Vorder- und Rückseite der Ehrenmitgliedskarte, Darlehns-Gesuch (S. 1 und 5).

CERTIFICATE OF HONORARY MEMBERSHIP

HARMON FOUNDATION

Whereas .... of ....
has availed .... of the opportunity offered by the Harmon Foundation to borrow a portion of the funds necessary to secure the degree of ....
at .... and
Whereas ...... has fulfilled the conditions of the Student Loan Contract entered into with the Harmon Foundation, has repaid the amount with interest and has discharged obligation in a manner reflecting credit on ...... Alma Mater and the Foundation,
Now Therefore This Certificate witnesseth that said ....
has been at a meeting of its Board of Directors duly elected an Honorary Member of the Harmon Foundation, and by the acceptance of these presents is pledged to represent its ideals and further its purposes in establishing a high financial and moral credit for student manhood and womanhood.

New York, N.Y. .... PRESIDENT

Date .... TREASURER

BANKERS' ENDORSEMENT OF THIS CERTIFICATE

In my opinion the ownership of a Certificate of Honorary Membership in the Harmon Foundation would constitute substantial evidence of good character in establishing the moral standing of an applicant for banking accommodations, if other qualifications were equally satisfactory.

LEWIS L. CLARKE
President, American Exchange National Bank, New York

HARRY A. KAHLER
President, American Exchange Company, New York

In my estimation the ownership of a Certificate of Honorary Membership in the Harmon Foundation constitutes substantial evidence of good character, in that such a person having worked his way through college has developed the capacity to perform work. Having by his own efforts liquidated loans made to him, he has demonstrated thrift and integrity. Work, integrity and thrift are three essential traits that lead to success in life.

EDWARD TOWNSEND
Former President and Chairman of the Board of the Importers and Traders National Bank, New York

Students holding Honorary Certificates are not only at full liberty to use them in applying for positions, but are invited to refer prospective employers directly to the Foundation for more specific information as to the borrower's dependability, honesty and regard for business rules. It is the opinion of the Foundation that these worthy young people are entitled to its co-operation in all things relating to the establishment of character reputation.

HARMON FOU[...]
(INCORPORATED)
DIVISION OF STUD[...]
140 NASSAU STREET, N[...]

APPLICATION

The rules for the administ[...]
must be read before ma[...]

Every question must be answered fully. Neatness [...] answer any question with a check mark. If the an[...] two white copies of this application are to be return[...] forward one copy to the office of this loan fund, [...] be retained by the applicant for future reference. If [...] part of the contractual obligation

USE TYPEWRITER PREFERAB[...]

College .... Classification of applic[...]

When will you finish your present course .... (Month)

Amount of assistance requested from this fund $ ....

If you wish the money advanced in two equal installments[...]

Have you had previous aid from this source ....

According to your understanding on what date will your [...]

1. Name in full .... (Please print) (First name) (Middle name)
2. Date of birth .... (Year) (Month) (Day)
3. Nationality .... Race ....
4. Are you a citizen .... If of foreign birth, where did [...]
5. Local address at college .... (Street and number)
6. Permanent address .... (Street and number)
   (By this is meant an address such as that of parent[...] sent, with certainty of reaching you, after you leave[...]
7. Name of father (or guardian) .... (First name) (Second name)
8. Name of mother .... (First name) (Maiden name)
9. Address of father and mother .... (Street and number)
10. If only one parent is living, who is next nearest adult relative .... (First name)
11. .... (Street and number) (Town)
12. Are you married ....
13. If married, give wife's maiden name .... (First name)
14. Address of wife .... (Street and number) (Town)

46. Fill out your budget for the last school year and your estimated budget for the entire

If you live at home, or if you are working for board or room, the monetary value should be given under the proper headings on both the Receipt and the Expense si[...] from other sources" and "Incidental expenses" exceeding $25.00 should be exp[...] any items which might otherwise not be clear. If necessary, use a separate sheet statement is not a budget unless it is complete and balances to a penny. If you show it in red on receipt side

RECEIPTS	Last School Year	Present School Year	EXPENSES
Savings from previous earnings			Tuition
Net earnings during school year (*Cash*)			Fees (Itemize and explain)
" " " " " (*Board*)			
" " " " " (*Room*)			
Advances from parents or guardian (*Gift*)			Laboratory charges
" " " " " (*Loan*)			Instruments
Advances from friends (State from whom) (*Gift*)			Board
			Room
(*Loan*)			Books
			Clothing
Advances from other sources (State from whom) (*Gift*)			Health
			Recreation or amusements
			Organizations
(*Loan*)			Traveling expenses
			Laundry
			Insurance
Advances from college (*Free tuition*)			Notes paid
" " " (*Free room*)			Notes due and which must be pai[...] end of school year
" " " (*Free board*)			Incidental expenses (Itemize and explain)
" " " (*Scholarship*)			
" " " (*Deferred tuition, room or board*)			Expense for dependents, if any (Itemize and explain)
" " " (*Cash loan*)			
TOTAL			

NOTE.—Receipts should balance with expenses for corresponding year.

Explanatory Notes ....

47. Employment Activities before going to College:

Kind of Work	Dates	Amount Earned	Name [...]

Anlage 3/4/5.

AMERIKA, ***Harmon Foundation:***

Darlehns-Vertrag, Einverständnis-Erklärung des Studenten, Verwaltungsgrundsätze.

This Agreement, made this............................day of..

A. D. 19........., by and between HARMON FOUNDATION, Inc., a membership corporation duly organized and existing under and by virtue of the laws of the State of New York, party of the first part, and ...., hereinafter designated as the party of the second part;

For Value Received, the party of the second part hereby agrees to pay to the party of the first part in lawful money of the United States the following items:

1. .... Dollars ($

being the principal sum advanced by the party of the first part.

HARMON FOUNDATION, INCORPORATED

140 NASSAU STREET

NEW YORK, N. Y.

DIVISION OF STUDENT LOANS

STUDENT UNDERSTANDING OF CONTRACT TERMS

SO THAT IT MAY BE EVIDENT THAT EACH BORROWER FROM THIS FUND THOROUGHLY UNDERSTANDS THE NATURE OF THE CONTRACT ENTERED INTO AND WILL NOT LATER PLEAD IGNORANCE AS AN EXCUSE FOR FAILING TO MEET PAYMENTS IN ACCORDANCE WITH THE TERMS OF AGREEMENT IT IS REQUIRED THAT ANSWERS TO THE FOLLOWING

RULES FOR THE ADMINISTRATION

OF

HARMON LOAN FUNDS*

AFFILIATION WITH COLLEGES

I—Procedure

It is first necessary for the presiding officer of a college or university to apply to the Harmon Foundation, 140 Nassau Street, New York, N. Y., for affiliation. If accepted, the college signs an agreement to co-operate with the Foundation in the administration of the loan fund. A stated appropriation is granted for loans to students during the ensuing school year, according to the following regulations prescribed by the Division of Student Loans. These rules by the acceptance thereof become a part of the contract between the college and the Harmon Foundation.

II—Basis of Selection

Colleges are chosen to participate in the Harmon Student Loan Fund because of their:

(*a*) Need.
(*b*) Educational standards.
(*c*) Type of School.
(*d*) Geographical distribution.
(*e*) Desire to co-operate in developing student aid on a scientific basis.

III—Student Loan Committee

1. A committee of three selected from the faculty or administrative department of the college, one preferably a business officer, shall be appointed by the president who shall also designate one as chairman.

2. It shall be the duty of this committee:

(*a*) To receive and investigate all applications for loans, and forward those recommended, *with all required information*, to the Harmon Foundation for its formal approval.

Anlage 6/7.

B E L G I E N , Fondation universitaire:

Bericht über die Persönlichkeit des Gesuchstellers, Zeugnis über die wirtschaftl. Lage.

Rapport du Chef de l'Établissement	
Le .... 193...... *Signature :*	
Indications à remplir au Secrétariat de la Fondation.	
Demande reçue le	
Pièces annexées.	
Correspondance.	
Suite donnée.	
Décision finale.	
Observations.	

Commune de ....
Province de ....

BULLETIN DE RENSEIGNEMENTS, délivré sur sa demande, à M ....
pour obtenir un prêt d'études de la Fondation Universitaire.

Composition de la famille avec indication de la profession et de l'âge de chacun de ses membres	**Nationalité** du candidat	**Revenu annuel** traitement ou salaire en chiffres	**Immeubles qu'elle possède** en évaluant la valeur vénale de chacun d'eux	**Charges** de la famille	**Bourse de fondation** (avec le montant) dont le postulant jouit déjà	**Observations et considérations** de nature à faire apprécier la position de fortune du candidat ou de ses parents

.................................., ... 193......

Le Secrétaire communal, *Le Bourgmestre,*

.... (Signatures) ....

Anlage 8.

B E L G I E N , Fondation universitaire:

Erneuerungsantrag für ein Studiendarlehn.

FONDATION UNIVERSITAIRE
Secrétariat : 11, RUE D'EGMONT
BRUXELLES

Demande de renouvellement de Prêt d'Études

dans un Établissement d'Enseignement supérieur

STRICTEMENT CONFIDENTIEL

1. — Nom.	
2. — Prénoms.	
3. — Adresse complète du candidat et de ses parents.	
4. — Examens passés au cours de l'année académique écoulée.	

Epreuve subie (candidature, doctorat en...)	Grade obtenu (distinction, etc.)	Date du diplôme	Etablissement ou jury qui a décerné le diplôme

N. B. — Le Secrétariat se réserve d'exiger la production des pièces.

5. — Autres titres scientifiques obtenus au cours de l'année académique écoulée, travaux personnels, etc.	
6. — Somme annuelle sollicitée.	

Je maintiens toutes mes déclarations antérieures, et j'affirme notamment que ma situation de fortune et celle de mes parents ne sont pas modifiées. Je n'ai bénéficié d'aucune bourse ou allocation en dehors des prêts de la Fondation.

Toute réticence dans ses déclarations, tout renseignement erroné exposent à tout moment le bénéficiaire à être privé de ses allocations. Chaque déclaration est contrôlée par la Fondation.

Le .... 193...... *Signature :*

Anlage 9.

DÄNEMARK, Dansk Studiefond:

Darlehnsvertrag.

DANSK STUDIEFOND

Konto No.

Folio No.

LAANEBEVIS

Underskrevne
erkender herved, at være skyldig til Dansk Studiefond, Afdeling A., De studerendes Fond Kr., hvilke Kroner jeg herved forpligter mig til skadesløst at tilbagebetale med

Endvidere forpligter jeg mig til af det til enhver Tid skyldige Beløb at betale en Rente af 3 pCt. p. a., der forfalder med Halvdelen i hver 11. Juni og 11. December Termin, første Gang i 11 Termin 192 . Til Sikkerhed for skadesløs Betaling har jeg formaaet nedennævnte

til at kautionere som Selvskyldnere og in solidum, een for begge og begge for een, for det til enhver Tid ifølge dette Laanebevis skyldige Beløb, idet de hæfter, uanset at der maatte blive ydet mig Henstand med Tilbagebetalingen.

Med Laanet forholdes i alle Maader efter Fondens nugældende Reglement, hvoraf Eksemplar er mig udleveret.

Laanet udbetales mig i Rater, hvorfor jeg kvitterer paa Bagsiden af nærværende Laanebevis.

København, den

Navn:

Stand:

Bopæl:

Som Selvskyldnerkautionister og in solidum:

Navn:	Navn:
Stilling:	Stilling:
Bopæl:	Bopæl:

Anlage 10/11.

SCHWEDEN, *Studentkårs Kreditkassa:*
Bürgschaftserklärung, Übersicht über die Darlehnsausgabe 1923—1931.

För fullgörande av den förbindelse, som ....

....

den .... *19* ...... *utfärdat till Lunds Studentkårs Kreditkassa och*

varigenom .... *förbundit sig att till nämnda kreditkassa*

eller order betala kontant låntagna ....

(..................... *) kronor jämte å oguldet kapital löpande ränta efter den räntesats, kreditkassans styrelse för varje tid bestämmer, på det sätt att varje*

den 15 april och 15 oktober fr. o. m. den 15 ....

erlägges en .... *del av det ursprungliga lånebeloppet samt varje*

den 15 april och 15 oktober fr. o. m. den 15 ....

ränta å oguldet kapitalbelopp, gå ...... *underlecknad* ...... *jämte* ....

....

....

en för alla och alla för en, i borgen såsom för egen skuld till dess full likvid sker. I den mån realpant jämväl är lämnad för denna förbindelse, medge .... *låntagaren rätt att själv disponera över därå förfallande räntor och utdelningar.*

Jahr	Ausgeliehene Darlehn	Reservefonds	Kapital	Summe
1923	250 709.—	19 025.—	76 175.—	95 200.—
1924	448 770.—	20 000.—	82 451.—	102 451.—
1925	649 430.—	46 000.—	85 630.—	131 630.—
1926	801 837.—	58 000.—	86 290.—	144 290.—
1927	945 444.—	60 500.—	87 130.—	147 630.—
1928	1 022 394.—	63 000.—	90 000.—	153 000.—
1929	1 119 719.—	65 500.—	100 040.—	165 540.—
1930	1 216 070.—	68 000.—	109 080.—	177 080.—
4/12 1931	1 308 385.—	68 000.—	125 690.—	193 690.—

Anlage 12.

D E U T S C H L A N D , Darlehnskasse des Deutschen Studentenwerks:

Bildliche Darstellung des gesamten Arbeitsgebietes.

Anlage 13.

DEUTSCHLAND, Darlehnskasse des Deutschen Studentenwerks:
Darlehnsgesuch S. 1.

DARLEHNSKASSE
DES DEUTSCHEN STUDENTENWERKS E.V

Sem.: Gesuch Nr.:
Darlehns Nr.:

Zweigstelle

Darlehnsgesuch

des/der stud. ...
Familienname

alle Vornamen. Rufname unterstreichen

Wohnung: ...
Ort, Straße, Platz, Hausnummer

bei

um ein Darlehn im Betrage von RM ...
für das *laufende/nächste* Semester, d. h.

für die Zeit vom ... bis ...

Hiervon sollen verwandt werden für:
z. B. Lebensunterhalt, Studiengebühren, Examensgebühren

1. ... RM
2. ... „
3. ... „
4. ... „
5. ... „

Sa. RM

Lichtbild

Vom Antragsteller **nicht** auszufüllen!

1. Eingang: am
2. bewilligt: RM am
zurückgestellt, abgelehnt am
3. Betrag angefordert Nr. am

Vorschlag der Geschäftsführung:

Endgültige Bewilligung: (Raten, Verwendungszweck)

Das Zutreffende unterstreichen.

Geburtstag	Kriegsteilnahme 14/18	Staatsangehörigkeit	Religion	Semester	Studien-Wechsel von	zu	St.-Unterbrechung
	ja / nein			im			*ja / nein*

Jetzige oder frühere
a) Erwerbsarbeit *Kopf-, Handarbeit, Privatstunden*
b) sonstige Werkarbeit *Arbeit im elterl. Betrieb (Kopf- oder Handarbeit), Praktikant*

Schon abgelegte akademische Abschluß-Examina

Note

Vater ist	Wenn Vater tot, Erwerbsarb. d. Mutter	Eltern sind	Zahl der Geschwister: versorgt	unvers	Monatswechsel
tätig / in Ruhe / in Pension / arbeitslos / tot		*geschieden, beide tot*			RM

Genaue Heimatanschrift (falls keine Elternanschrift, ergänzende Angabe: „Vormund", „Bruder", „Tante", „eigene" [= Hochschulanschrift]).

Durchschnitt der folgenden Sem.-Monate

Geburtsort des Antragstellers	Name, Vorname des Vaters	Name, Vorname der Mutter

Studienfach	Genaue Berufsbezeichnung des Vaters. Z. B. Schlosser in einer Fabrik, Prokurist in Tuchfabrik, Landarbeiter

Durch wen sind Sie dauernd erreichbar, falls obige Anschriften versagen?

Anschrift: ...
Name, Titel — Ort — Straße, Platz — Hausnummer

evtl. Korporationszugehörigkeit: ...
Name — Ort — Straße, Hausnummer

12 dx 0
5000 6. 31
R & S

Anlage 13.

DEUTSCHLAND, Darlehnskasse des Deutschen Studentenwerks: Darlehnsgesuch S. 2.

Kurze Angaben zur Ergänzung des Lebenslaufes

Studium:

Beginn: ……… Fachrichtung: ………
Semester — bei Wechsel alle angeben. Anzahl der Semester

Welche Hochschulen besucht? ………
Orte

Wieviel Semester an der jetzigen? ……… Unterbrechung des Studiums: ………
Datum von — bis

War längere Unterbrechung des Studiums aus Erwerbsgründen erforderlich? ………
Datum von — bis

Studiensemester: ……… Bestandene Vorprüfungen: ……… Note: ………
wieviel insgesamt

……… Stipendien-, Fleiß-, Honorarerlaß-Prüfungen: ………
Daten, Hochschulen

………
Daten, Hochschulen, Ergebnisse

Geplantes Abschlußexamen: ……… Wiederholung? *ja / nein*
welches — Zeitpunkt

Schon gemeldet? *ja / nein* Berufsabsichten: ………

Welcher Dozent kann Auskunft über das Studium und die wissenschaftlichen Leistungen erteilen? ………
genaue Anschrift

Werkarbeit oder Praxis: (z. B. bei Ing., Pharm. o. ä.)

Vor Beginn des Studiums: ………
wo, wann, in welcher Stellung

Praktische Vorbildung: ………
z. B. Gesellenprüfungen o. ä.

Während des Semesters: ………
wo, wann, in welcher Stellung

Während der Ferien: ………
wo, wann, in welcher Stellung

Gesamtverdienst aus Werkarbeit: ……… Hiervon konnte schätzungsweise als Zuschuß zum Studium verwandt werden insgesamt: ………

Familienverhältnisse:

Geschwister: ………
Alter, ledig oder verheiratet, Beruf

Gesuchsteller: *ledig / verheiratet* Anzahl der Kinder: ………

Wer kann Auskunft über die Familienverhältnisse erteilen? ………
genaue Anschrift

Haben Sie in der stud. Selbstverwaltung mitgearbeitet? ………
wo, wann,

in welcher Eigenschaft

Frühere Bewerbung bei der Studienstiftung des Deutschen Volkes: *ja* / Datum ……… */ nein*

— 2 —

Anlage 13.

DEUTSCHLAND, Darlehnskasse des Deutschen Studentenwerks: Darlehnsgesuch S. 3.

Wirtschaftliche Lage:

Aus welchen Mitteln wurde das Studium **bisher** bestritten?

Zuschüsse der Eltern: .... , von Verwandten und Bekannten: ....
monatlich Betrag monatlich Betrag

Stipendien: ....
im Semester Betrag Quelle

Eig. Arbeitseinkommen: ....
monatlich Betrag Quelle

Renten: ....
monatlich Betrag Quelle

Honorarerlaß: ....
wann, wieviel Prozent

Für das laufende Semester beantragt? *ja/nein* Freie oder ermäßigte Wohnung: ....
wo, wann

Beihilfen stud. Wirtschaftseinrichtungen: ....
Freitisch, Kranken-, Einzelfürsorge wo, wann, wieviel

Bisherige Darlehen der Darlehnskasse: ....
Betrag, Zweigstelle, Semester, Nummer, Bürge

Kurzfristige Darlehen der Studentenhilfe: ....
Höhe, Rückzahlungsfrist

Sonstige Schulden: ....
Grund, Höhe, Gläubiger, Rückzahlungsfrist, Zinsen

Welcher Betrag steht für das *laufende / nächste* Semester zur Verfügung? ....
Summe

Ungedeckter **Geldbedarf** im S/W S 193 RM .... , im S/W S 193 RM .... , im S/W S 193 RM ....

Insgesamt bis zum Abschluß des Examens RM ....

Wer kann Auskunft über die wirtschaftliche Lage erteilen? ....

Wer übernimmt **Bürgschaft?** ....
Name, Alter, Staatsangehörigkeit, Anschrift

Ist der Bürge mit Ihnen verwandt? *ja/nein* Wie? ....
Auch Verwandte können Bürgen sein

Bis wann kann mit völliger Rückzahlung des Darlehns gerechnet werden? ....

Ich versichere, die in diesem Gesuch und dem dazugehörigen Lebenslauf enthaltenen Angaben nach bestem Wissen und Gewissen gemacht zu haben.

.... , den ....
Ort Datum

....
Unterschrift

Beigefügte Anlagen: Das Zutreffende unterstreichen!

1. Bürgschaft über RM ....
2. Finanzamtlich beglaubigter Einkommens- und Vermögensnachweis
3. Gutachten über wissenschaftliche Befähigung
4. Werkarbeitszeugnisse Beglaubigte Abschriften
5. Aerztliches Zeugnis falls erforderlich
6. ....
7. ....

— 3 —

Anlage 13/14.

D E U T S C H L A N D*, *Darlehnskasse des Deutschen Studentenwerks: Darlehnsgesuch S. 4, Gutachten eines Dozenten über die wissenschaftlichen Leistungen.

Lebenslauf

Wir bitten die folgenden Fragen anschließend in einer zusammenhängenden handschriftlichen Darstellung zu beantworten.

Entwicklung vor Beginn des Studiums: (Schulgattung, Schulabschlußprüfung, Vergünstigungen, Erwerbsarbeit u. ä. Berufliche Ausbildung und Tätigkeit vor Studienbeginn). Gründe für Wahl des Studienfachs, etwaigen Studienwechsel, etwaige Unterbrechung. Wurde Werkarbeit aus anderen als materiellen Gründen getrieben? Aus Welchen? Gegebenenfalls Gründe, die an Werkarbeit hinderten. Welche Absichten bestehen für den zukünftigen Beruf? (Gründe hierfür). Wie ist der Gesundheitszustand? (ärztliches Zeugnis). Berufsverhältnisse, Einkommen und Vermögen des Vaters (der Mutter, falls Vater gestorben), des Gesuchstellers selbst (amtl. Zeugnis). Familienverhältnisse im Elternhaus, gegebenenfalls des Gesuchstellers. Falls die Finanzierung eines zweiten Examens beantragt wird, ausführliche Angabe der Gründe, die hierzu veranlassen. Falls Schulden vorhanden, wodurch verursacht? Weitere Tatsachen, die Sie unserer Kenntnis wert achten, bitten wir gleichfalls zu erwähnen.

Welche besonderen Gründe bzw. welche **Veränderung** gegen die bisherige Form der finanziellen Sicherstellung des Studiums veranlassen die Einreichung des Gesuches?

D A R L E H N S K A S S E
DES
DEUTSCHEN STUDENTENWERKS, E.V. , den

Zweigstelle

Herr
Fräulein

hat bei uns ein Gesuch um ein langfristiges Darlehn eingereicht.

Es können aber nur Studierende berücksichtigt werden, die Aussicht haben, innerhalb der nächsten zwei oder drei Semester zu einer das Studium abschließenden Prüfung an der Hochschule zugelassen zu werden und die nach Befähigung, Charakter und bisherigen Leistungen ihren Pflichten als Studenten und Akademiker voll gewachsen sind.

Von ausschlaggebender Bedeutung für die Beurteilung der Würdigkeit eines Bewerbers ist die Meinungsäußerung seiner Professoren.

Wir bitten Sie daher, untenstehend um eine eingehende Äußerung, die selbstverständlich streng vertraulich behandelt wird. Um die streng vertrauliche Behandlung der Auskunft zu gewährleisten, bitten wir, diese in dem beigelegten Freiumschlag durch die Post zurückzusenden. Auch zur Entgegennahme von mündlichen oder fernmündlichen Auskünften, für die wir besonders dankbar sind, stehen wir jederzeit zur Verfügung (Fernsprechnummer).

Wir sprechen Ihnen im voraus unseren verbindlichsten Dank aus für Ihre Mitarbeit, die uns instand setzen wird, die Verteilung der uns anvertrauten Geldmittel gerecht vorzunehmen.

D A R L E H N S K A S S E
DES
DEUTSCHEN STUDENTENWERKS, E.V.

Zweigstelle

Anlage!

Vorsitzender

Gutachten

1. Wissenschaftliche Leistungen und Befähigung:

2. Menschliche Eigenschaften:

Die wirtschaftliche Lage und Familienverhältnisse werden durch die Darlehnskasse geprüft. Sollte Ihnen hierüber Näheres bekannt sein, wären wir für eine Auskunft außerordentlich dankbar.

DIN A 4 5000 4. 30.

Anlage 15/16.

D E U T S C H L A N D , Darlehnskasse des Deutschen Studentenwerks:

Schuldurkunde, Empfehlung einer Lebensversicherung (Ausschnitte).

DARLEHNSKASSE
DES DEUTSCHEN STUDENTENWERKS E.V.

Zweigstelle .... Nr. ....

.... , den .... 19 ....

Schuldurkunde

des Herrn / Fräul. ....
Sämtliche Vornamen. Rufname unterstreichen.

I. Die Darlehnskasse des Deutschen Studentenwerks e.V. hat mir auf Grund der eingereichten Unterlagen zum Abschluß des Studiums ein Darlehn in Gesamthöhe von

.... Reichsmark, in Worten ....
Reichsmark, bewilligt.

II. Ich übernehme hiermit folgende Verpflichtungen:

1. Für die Darlehnssumme werden als Sicherheiten gestellt:

---

2. Die Darlehnssumme soll vom .... ab in jährlichen Abschnitten zurückgezahlt werden; spätestens am .... wird der Betrag zurückgezahlt sein.
3. Die Rückzahlung soll schon zu einem früheren Zeitpunkt erfolgen, wenn und insoweit ich infolge Besserung der Einkommens- und Vermögensverhältnisse bei pflichtmäßiger Einschränkung der Bedürfnisse dazu imstande bin.
4. Die Verzinsung des Darlehns beginnt am .... Der Zins-

---

5. Folgende schriftliche Benachrichtigungen werde ich der Darlehnsgeberin bis zur vollen Rückzahlung meines Darlehns übersenden:
   a) sofortige Mitteilung über jeden Wechsel meines Aufenthaltsortes mit genauer Angabe von Ort, Straße und Hausnummer.
   b) einen kurzen Bericht über wichtige Veränderungen meiner beruflichen oder wirtschaftlichen Lage, vor allem Veränderungen, die meine Einkommens- und Vermögensverhältnisse beeinflussen.
   c) eine sofortige Benachrichtigung der Zweigstelle über meine Exmatrikulation und die Note meiner Abschlußexamina.

   Bei allen Mitteilungen und Geldsendungen an die Darlehnsgeberin werde ich die Bezeichnung meines Darlehnskontos angeben, die ich den Zins-

---

Die Bedeutung des Abschlusses einer Lebensversicherung für alle Darlehnsnehmer.

Die Erfahrungen, die wir im Laufe der letzten Jahre in unserer Arbeit machen durften, haben uns gezeigt, daß der Tod eines Darlehnsnehmers für seine Angehörigen bezw. die Bürgen einen besonders schmerzlichen Verlust bedeutet. Alle Hoffnungen, die an die Entwicklung des Studierenden geknüpft wurden, sind zerschlagen. Es tritt aber noch erschwerend hinzu die materielle Verpflichtung, für die die Bürgen — in der Regel unbemittelte Angehörige — eintreten müssen.

Verschiedentlich ist daher schon in der Vergangenheit das Todesfallrisiko durch eine Versicherung gedeckt worden. Die oben angeführten Gründe veranlassen uns dazu, allen Darlehnsnehmern und den Bürgen den Abschluß einer Versicherung auf das Leben des Darlehnsnehmers dringend zu empfehlen. Wir haben die Unterlagen der verschiedensten

Anlage 17.

DEUTSCHLAND, Darlehnskasse des Deutschen Studentenwerks:

Vorder- und Rückseite der „grünen" Karteikarte für die Anforderung von Darlehn bei der Hauptstelle und für die statistische Auswertung.

1 | 2 | 3 | 4 | 5 | 6 | 7 | 8 | 9 | 10 | 11 | 12

Beim Einsetzen der stark numerierten Angaben Erläuterungen beachten!

1 Name, Vornamen (Rufname unterstrichen)	2 Zweigstelle	Nr.	Semester	Betrag RM

3 Geburtstag | 4) Kriegsteilnahme ja / nein / weibl. | 5 Staatsangehörigkeit | 6 Religion | 7) F. | 8 Semester im | 9 St.-Wechsel von — nach — | 10) St.-Unterbr. ja / nein

11) Jetzige oder frühere
a) Erwerbsarbeit: Kopf-, Handarbeit, Privatstunden
b) sonstige Werkarbeit: Arbeit im elterl. Betrieb (Kopf- oder Handarbeit), Praktikant

12) Schon abgelegte akad. Abschluß-Examina | Note | 13) S.

14) Vater ist tätig / in Ruhe / in Pension/arbeitslos/tot | 15) Wenn Vater tot, Erwerbsarbeit d. Mutter | 16) Eltern sind geschied. / beide tot | 17 Zahl der Geschwister ver-sorgt un-vers. | 18) Monatswechsel RM | 19) D.

20 Genaue Heimat-Anschrift (falls keine Elternanschrift, ergänzende Angabe: „Bruder", „Tante", „eigene" [= Hochschulanschrift].)

21 Geburtsort | 22 Name, Vorname des Vaters | 23 Gesuch vom | 24 Beschieden am

Erläuterungen: 4) Zutreffendes durchstreichen. 7) Nicht ausfüllen! 10), 11) Zutreffendes durchstreichen. 12) Nicht Vorprüfungen aufführen! 13) Nicht ausfüllen! 14) Zutreffendes durchstreichen. 15) z. B.: Aufwartung, Schneiderin, Mittagstisch; nicht: Witwe, Rentnerin, Witwenpension. 16) Zutreffendes durchstreichen. 18) Durchschnittsbetrag von dritter Seite (nicht aus eigener Erwerbsarbeit). 19) Nicht ausfüllen!

25 Berufsbezeichnung des Vaters

26 **Studienfach:** (Zutreffendes durchstreichen!)

Ev. Theologie, Kath. Theologie, Rechts- und Staatswiss., Volkswirtschaft, Wirtschaftswissenschaften, Medizin, Zahnheilkunde, Tierheilkunde, Pharmazie, Geschichte, Geographie, Germanistik, Philologie, Philosophie, Volksschullehrer-, Berufsschullehrerstudium

Mathematik, Naturwissenschaften, Biologie, Mineralogie, Geologie, Physik, Chemie, Kunstgeschichte, Archäologie, Musik, Zeitungskunde, Zeichnerisch-wissensch. höh. Lehramt, Leibesübungen, Landwirtschaft, Brauerei, Forstwissenschaft, Bauingenieurwesen

Architektur, Geodäsie, Maschineningenieurwesen, Elektrotechnik, Masch.-Elektroingenieurwesen, Gasingenieurwesen (Wärmetechnik), Kraftfahrzeugbau, Luftfahrzeugbau, Schiffbau, Bergbau, Eisen-, Metallhüttenkunde, Markscheiderei, Gewerbelehrerstudium, Sonstige

DIN A 5 DAKA 10000 III 31

27 **Stand des Vaters,** auch wenn verstorben: (Zutreffendes durchstreichen!)

I 1. Großgewerbe-, Großhandeltreibender (Besitzer, Generaldirektor)
2. Großgrundbesitzer, -Pächter

II 1. Hochschullehrer
2. Akadem. Lehrer an höheren Schulen
3. Geistlicher
4. Offizier
5. Sonstige höh. Beamte (Reich, Staat, Gemeinde, öffentl.-rechtl. Verband)
6. Angestellter in leitender Stellung (Direktor, Chefredakteur)

III 1. Selbständiger Arzt
2. „ Zahnarzt
3. „ Tierarzt
4. „ Apotheker
5. „ Chemiker
6. Rechtsanwalt, beratender Volkswirt, verwandte freie akadem. Berufe
7. Schriftsteller, Privatgelehrter
8. Architekt, Zivilingenieur, Patentanwalt
9. Künstler
10. Mittlere Handel-, Gewerbetreibende

IV 1. Mittlerer Beamter
2. Volksschullehrer
3. Angestellter in mittlerer Stellung
4. Freie nicht akadem. Berufe (Agent, Vertreter, Bücherrevisor)

V 1. Selbständiger Handwerker
2. Kleinhändler, Gastwirt
3. Mittlerer oder Kleinlandwirt

VI 1. Unterbeamter
2. Angestellter in unterer Stellung
3. Gelernter Arbeiter, nicht selbständiger Handwerker
4. Ungelernt: Industrie-, Landarbeiter

VII 1. Ohne früheren und jetzigen Beruf

Auf Grund der eingereichten Unterlagen werden die umstehenden Angaben und die ordnungsgemäße Bewilligung des Darlehns in der angegebenen Höhe bestätigt.

(Ort und Datum)

Für Hauptstelle: Gepr.: Übtr.: | (Zweigstellen-Stempel, 2 Unterschriften)

Mittlg. Hochschulw.: H. V. R. ausg.:

Rückzahlungen (R), Verzichte (V), Abbuchung dubios (A). **Volle** Tilgung sofort auf **gelbe** Karte!

Meldg., Primanote:	Betrag: RM		Meldg., Primanote:	Betrag: RM		Meldg., Primanote:	Betrag: RM

Anlage 18/19.

***DEUTSCHLAND**, Darlehnskasse des Deutschen Studentenwerks:*

Dankschreiben und Merkblatt für die Darlehnsnehmer.

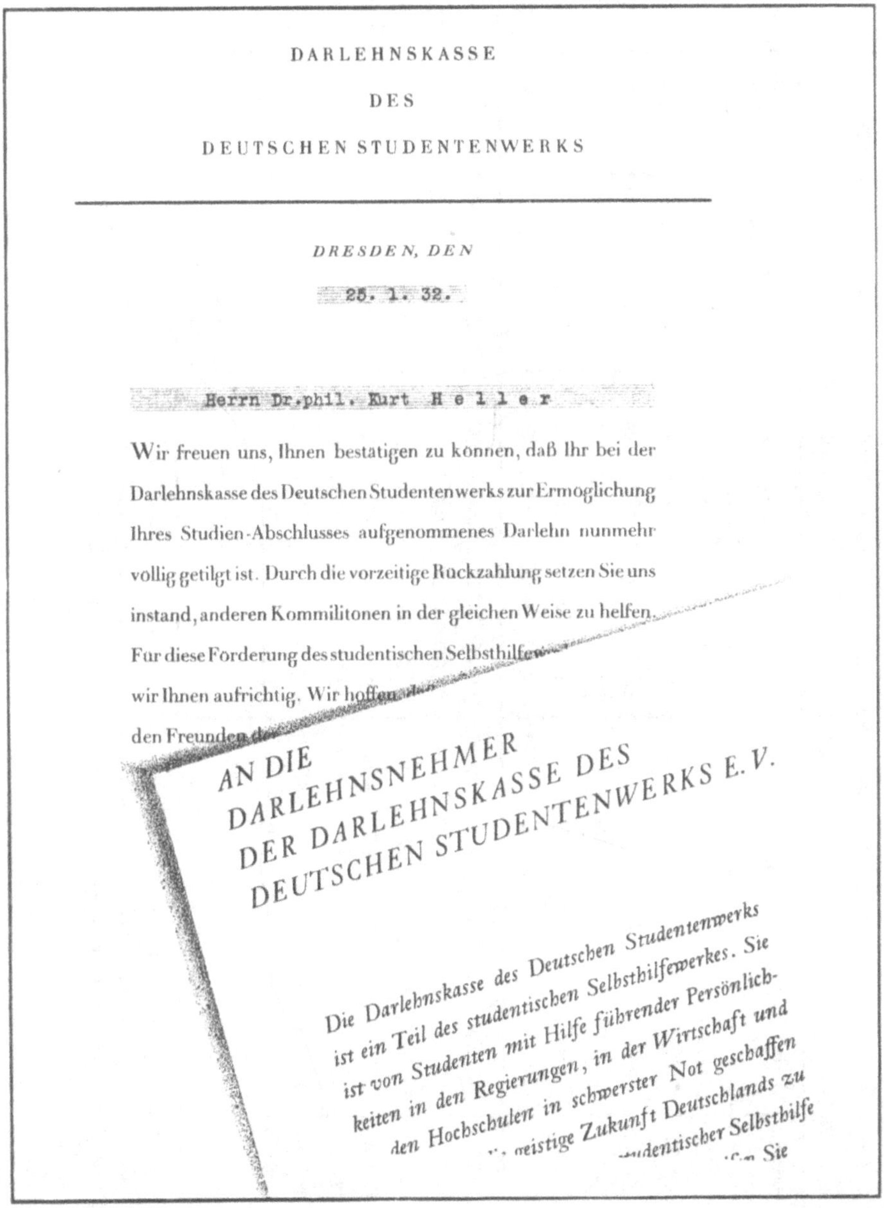

DARLEHNSKASSE

DES

DEUTSCHEN STUDENTENWERKS

DRESDEN, DEN

25. 1. 32.

Herrn Dr.phil. Kurt H e l l e r

Wir freuen uns, Ihnen bestätigen zu können, daß Ihr bei der Darlehnskasse des Deutschen Studentenwerks zur Ermöglichung Ihres Studien-Abschlusses aufgenommenes Darlehn nunmehr völlig getilgt ist. Durch die vorzeitige Rückzahlung setzen Sie uns instand, anderen Kommilitonen in der gleichen Weise zu helfen. Für diese Förderung des studentischen Selbsthilfe... wir Ihnen aufrichtig. Wir hoffen ... den Freunden ...

AN DIE DARLEHNSNEHMER DER DARLEHNSKASSE DES DEUTSCHEN STUDENTENWERKS E.V.

Die Darlehnskasse des Deutschen Studentenwerks ist ein Teil des studentischen Selbsthilfewerkes. Sie ist von Studenten mit Hilfe führender Persönlichkeiten in den Regierungen, in der Wirtschaft und den Hochschulen in schwerster Not geschaffen ... geistige Zukunft Deutschlands zu ... dentischer Selbsthilfe ... Sie

DEUTSCHLAND, Darlehnskasse des Deutschen Studentenwerks:

Voraussichtliche Entwicklung der Finanzen der Darlehnskasse des Deutschen Studentenwerks e. V. unter Zugrundelegung der Zahlen der Jahre 1924/25 bis 1929/30

Gesch.-Jahr	ausstehende Darlehen		Rückzahlung		Unkosten		Zinsertrag		Zuschußbedarf von außen		Sicherheits-fonds 10%*	jährliche Ausgabe
1924/25	1 017 449	*1 000 000***	6 486	—	21 681	*18 200*	42 349	*40 200*	1 023 935	*1 000 000*	145 237	1 023 935
1925/26	2 653 564	*2 800 000*	89 220	—	88 306	*65 000*	91 331	*58 345*	1 718 849	*1 800 000*	316 786	1 725 335
1926/27	4 428 499	*4 600 000*	111 531	—	117 258	*97 100*	159 726	*84 675*	1 797 246	*1 800 000*	491 856	1 886 466
1927/28	6 020 594	*6 400 000*	152 878	—	124 451	*93 100*	192 601	*129 975*	1 633 442	*1 800 000*	698 651	1 744 973
1928/29	7 689 199	*8 200 000*	218 997	—	152 853	*101 100*	257 134	*162 572*	1 734 724	*1 800 000*	944 142	1 887 602
1929/30	9 392 286	*9 840 000*	300 586	*160 000*	172 550	*119 100*	305 000	*205 233*	1 784 676	*1 800 000*	1 207 344	2 003 673
1930/31	11 113 286	*11 340 000*	279 000	*300 000*	197 300	*130 600*	354 550	*256 646*	1 542 043	*1 640 000*	1 307 198	2 000 000***
1931/32	12 281 286	*12 840 000*	832 000	*300 000*	215 000	*138 600*	449 248	*328 836*	1 594 375	*1 500 000*	1 427 198	2 000 000
1932/33	13 072 286	*14 000 000*	1 209 000	*640 000*	230 000	*146 600*	524 603	*397 999*	1 085 876	*1 500 000*	1 627 198	2 000 000
1933/34	13 442 351	*14 900 000*	1 629 935	*900 000*	245 000	*154 600*	581 648	*466 200*	701 699	*1 160 000*	1 724 805	2 000 000
1934/35	13 602 016	*15 300 000*	1 840 335	*1 400 000*	260 000	*162 600*	612 643	*513 999*	262 741	*900 000*	1 752 271	2 000 000
1935/36	13 702 550	*15 300 000*	1 899 466	*1 800 000*	270 000	*162 600*	623 155	*546 070*	47 345	*400 000*	1 763 625	2 000 000
1936/37	—	—	1 914 973	—	280 000	—	629 518	—	—	—	1 789 128	2 009 043
Aufgestellt: Februar 1930									14 926 951	*17 100 000*		

* Der Sicherheitsfonds beträgt seit 1931 nur noch 5% der ausgeliehenen D

** Die kursiv gesetzten Zahlen beziehen sich auf den ersten Finanzplan des Jahres 1926

*** Die Darlehnsausgabe beträgt tatsächlich rd. 1 700 000.— RM jährlich

Anlage 21.

DEUTSCHLAND, Darlehnskasse des Deutschen Studentenwerks:

Uebersicht der finanziellen Entwicklung der Darlehnskasse des Deutschen Studentenwerkes

(Zahlenangaben abgerundet)

	1.*(5/4) Jahr	2. Jahr	3. Jahr	4. Jahr	5. Jahr	6. Jahr	7. Jahr
	31. 3. 1925	31. 3. 1926	31. 3. 1927	31. 3. 1928	31. 3. 1929	31. 3. 1930	31. 3. 1931
Aktiva							
Ausgegebene Darlehn	1 023 936,—	2 749 271,—	4 635 738,—	6 380 712,—	8 268 315,—	10 269 591,—	12 080 009,—
·/. Rückzahlungen	6 486,—	95 706,—	207 237,—	360 115,—	579 113,—	888 273,—	1 309 509,—
Außenstehende Darlehn	1 017 450,—	2 653 565,—	4 428 501,—	6 020 597,—	7 689 202,—	9 381 318,—	10 770 500,—
Bankguthaben, Effekten	390 149,—	798 851,—	833 768,—	901 527,—	1 058 694,—	986 827,—	1 362 124,—
Inventar	194,—	7 936,—	9 584,—	13 024,—	13 934,—	10 197,—	6 422,—
Passiva							
Reich	981 081,—	2 460 831,—	3 758 206,—	5 041 031,—	6 302 031,—	7 512 406,—	8 620 968,—
Wirtsch. u. Versch.	178 743,—	207 592,—	233 206,—	259 447,—	288 189,—	315 835,—	342 228,—
Spenden der Länder	—,—	6 000,—	11 000.—	15 100,—	20 400,—	21 900,—	27 000,—
Uebersch. d. Sicherheitsf.	—,—	—,—	—,—	—,—	—,—	213 039,—	925 434,—
Kapital	1 159 824,—	2 674 423,—	4 002 412,—	5 315 578,—	6 610 620,—	8 063 180,—	9 915 630,—
Darlehn der Länder	125 000,—	526 700,—	837 120,—	1 134 220,—	1 465 245,—	1 674 220,—	1 862 220,—
Sicherheitsfonds	150 530,—	330 048,—	511 242,—	724 302.—	976 306,—	1 005 974,—	575 476,—
Darlehns-Verluste	(—,—)	(—,—)	(—,—)	(6 600,—)	(14 535,—)	(20 985,—)	(28 524,—)
Einnahmen	42 086,—	91 332,—	164 295,—	199 746,—	264 432,—	321 866,—	373 094,—
·/. Unkosten	18 287,—	88 306,—	117 259,—	124 451,—	152 854,—	172 656,—	220 397,—
Einnahmen-Ueberschuß	23 799,—	3 026,—	47 036,—	75 295.—	111 578,—	149 210,—	152 697,—

* Gezählt sind die Festmarkjahre. Das siebente Festmarkjahr ist das neunte seit Gründung (Juni 1922).

Anlage 22/23.

DEUTSCHLAND, Darlehnskasse des Deutschen Studentenwerks: Gesamtausgabe an Darlehen, Rückzahlungen und Verluste (einschließlich Werkdarlehen), Übersicht über die Gesamtausgabe an Darlehen (ohne „Werkdarlehen").

Semester	Darlehenssumme	Rückzahlungen	in %	plus Verluste	in %	Summe (3 + 5)	in %
1	2	3	4	5	6	7	8
W.S. 1923/24	95 888.12	64 123.03	66.87	3 318.70	3.46	67 441.73	70.33
S.S. 1924	373 938.75	218 669.29	58.48	4 868.80	1.30	223 538.09	59.78
W.S. 1924/25	554 109.–	228 286.64	41.20	4 760.–	0.86	233 046.64	42.06
S.S. 1925	715 245.80	201 696.54	28.20	4 047.–	0.56	205 743.54	28.76
W.S. 1925/26	1 010 089.41	228 975.82	22.67	3 685.–	0.36	232 660.82	23.03
S.S. 1926	879 891.67	150 472.54	17.10	1 750.–	0.20	152 222.54	17.30
W.S. 1926/27	1 006 575.22	122 464.28	12.17	2 250.–	0.22	124 714.28	12.39
S.S. 1927	827 492.40	80 061.20	9.68	690.–	0.08	80 751.20	9.76
W.S. 1927/28	917 481.47	62 102.36	6.77	400.–	0.04	62 502.36	6.81
S.S. 1928	886 003.50	52 595.49	5.94	400.–	0.04	52 995.49	5.98
W.S. 1928/29	1 001 599.34	36 339.45	3.63	1 657.–	0.17	37 996.45	3.80
S.S. 1929	899 673.61	26 659.12	1.96	697.50	0.08	27 356.62	3.04
W.S. 1929/30	1 101 603.39	19 740.05	1.79	–.–	–.–	19 740.05	1.79
S.S. 1930	816 324.56	11 135.65	1.36	–.–	–.–	11 135.65	1.36
W.S. 1930/31	994 093.05	6 086.76	0.61	–.–	–.–	6 086.76	0.61
S.S. 1931	802 147.05	1 362.08	0.17	–.–	–.–	1 362.08	0.17
Summe:	12 882 156.34	1 510 770.30	11.73	28 524.–	0.22	1 539 294.30	11.95

Semester	ausgegebene Darlehn Anzahl	Gesamtzahl mit PM-D.	Gesamtzahl nur RM-D.	Semester- Betrag	Semester- Durchschn.-Betrag	Gesamt- Betrag	Gesamt- Durchschn.-Betrag
1	2	3	4	5	6	7	8
W.S. 22/23	357	–	–	Inflation		Inflation	
S.S. 23	434	–	–	Inflation		Inflation	
W.S. 23/24	770=	1 561	–	Inflation		Inflation	
W.S. 23/24	771	2 332	771	85 236.32	110.55	–	–
S.S. 24	2100	4 432	2 871	355 238.75	169.16	440 475.07	153.42
W.S. 24/25	2868	7 300	5 739	545 801.–	190.31	986 276.07	171.86
S.S. 25	2965	10 265	8 704	715 245.80	241.22	1 701 521.87	195.49
W.S. 25/26	3541	13 806	12 245	1 004 337.53	283.63	2 705 859.40	220.98
S.S. 26	3446	17 252	15 691	884 696.67	256.73	3 590 556.07	228.83
W.S. 26/27	3447	20 699	19 138	1 004 460.22	291.40	4 595 016.29	240.10
S.S. 27	2968	23 667	22 106	828 392.40	279.11	5 423 408.69	245.34
W.S. 27/28	3149	26 816	25 255	914 941.47	290.55	6 338 350.16	250.97
S.S. 28	2815	29 631	28 070	886 904.50	315.06	7 225 254.66	257.40
W.S. 28/29	2978	32 609	31 048	1 002 543.34	336.65	8 227 798.00	265.–
S.S. 29	2703	35 312	33 751	898 788.61	332.52	9 126 586.61	270.41
W.S. 29/30	3372	38 684	37 123	1 100 776.65	326.45	10 227 363.26	275.50
S.S. 30	2718	41 402	39 841	817 146.30	300.64	11 044 509.56	277.21
W.S. 30/31	3106	44 508	42 947	992 293.05	319.48	12 036 802.61	280.27
S.S. 31	2780	47 288	45 727*	801 277.05	288.23	12 838 079.66	280.75

*) **Anmerkung:** Die Anzahl der Darlehn (s. oben) entspricht nicht der Anzahl der Darlehnsnehmer, da jed. i. Durchschnitt 2 Darlehen erhält. Die entsprechende Anzahl der Darlehnsnehmer ist demnach: 23985

Anlage 24.

DEUTSCHLAND, Darlehnskasse des Deutschen Studentenwerks:
Buchungen auf dem Kontokorrent-Konto eines Schuldners mit Kontokarte und „Schuppenbogen" (Zinsmitteilung an die Darlehnsnehmer).

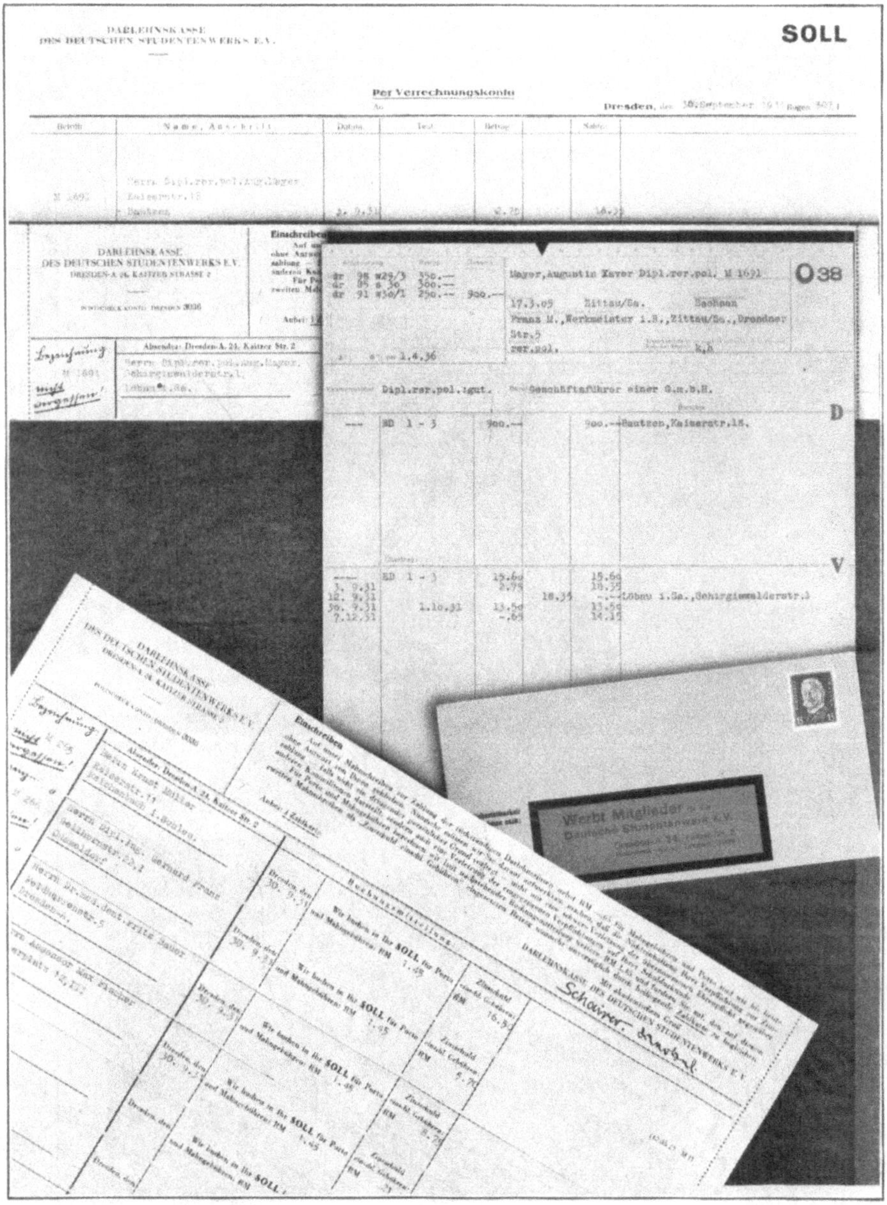

Anlage 25.

DEUTSCHLAND, Darlehnskasse des Deutschen Studentenwerks:

Buchungen auf Zweigstellen-Konten mit Nachricht für die Zweigstellen.

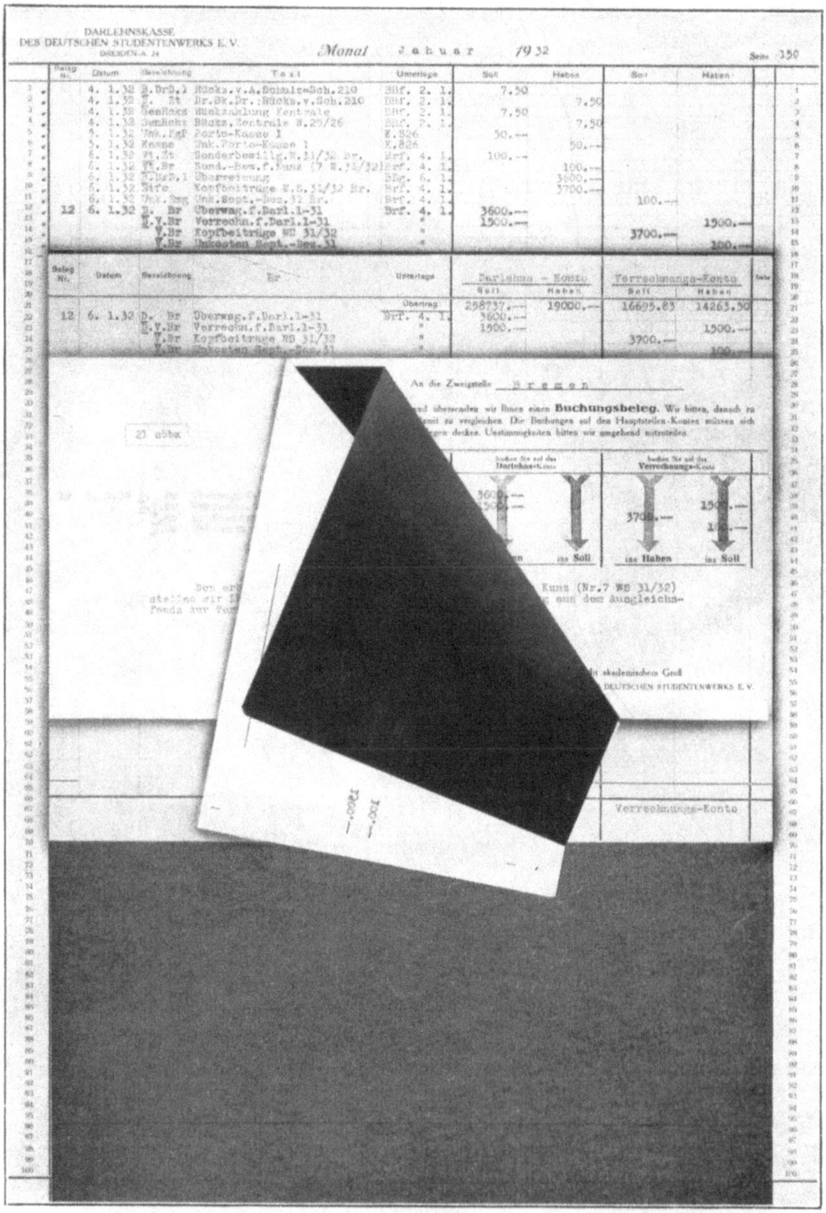

Anlage 26.

DEUTSCHLAND, Darlehnskasse des Deutschen Studentenwerks:

Jahres-Bilanz am 31. März 1931.

Vermögen

1. Darlehns-Außenstände		
per 1.4.30 / Zugang 1930/31 / per 31.3.31		
Ausgeg.Darl. 10 269 591.68 / 1 810 417.61 / 12 080 009.29		
Rückzahlungen 888 273.43 / 421 235.30 / 1 309 508.73		RM 10 770 500.56
2. Forderungen		
An Zweigstellen	RM 106 023.13	
An die Darlehns-Nehmer bei der Hauptstelle	RM 192 124.16	
An Deutsches Studentenwerk e.V.	RM 154 291.26	
An Verschiedene	RM 7 444.—	RM 459 882.55
3. Bankguthaben		RM 532 913.63
4. Wertpapiere		RM 829 210.70
5. Kasse		RM 4 995.71
6. Inventar		RM 6 422.—
		RM 12 603 925.15

Schulden

1. Kapital		
Stand am 1. 4. 30	RM 8 063 179.79	
Zugänge 1930/31		
Reich . . RM 1 108 562.50		
Wirtschaft RM 26 034.70		
Verschied. RM 5 458.—		
Überschuß (aus Sicherheitsf.) RM 712 395.09	RM 1 852 450.29	RM 9 915 630.08
2. Darlehn		
a) Darlehn der Länder		
Stand am 1. 4. 30 . . .	RM 1 674 220.—	
Zugang 1930/31 . . .	RM 188 000.—	
b) Andere Darlehn . . .	RM 500.—	RM 1 862 720.—
3. Sicherheitsfonds		RM 575 476.—
4. Sonderrücklage		RM 43 195 —
5. Reichsbund Deutsch. Kunsthochschüler e.V.		RM 9 207.44
6. Rückstellung für Darlehnszinsen		RM 45 000.—
7. a) Einnahmen (Zinsen, Mahngebühren u. ä.) . .	RM 373 093.86	
b) abzüglich Unkosten (Hauptstelle und Zweigstellen)	RM 220 397.23	RM 152 696.63
		RM 12 603 925.15

Dresden, den 31. März 1931.

Darlehnskasse des Deutschen Studentenwerks e. V-

gez. Schairer gez. Merkel

DEUTSCHLAND, Darlehnskasse des Deutschen Studentenwerks:

Die soziale

Beruf des Vaters			Vater ist: tätig		in Ruhe, in Pens.		arbeitsl.		tot		
		%		%		%		%		%	%
Großgew., -Handel . .	44	1.69	12	27.27	5	11.37	1	2.27	26	59.09	100
Großgrundb., Pächter	11	0.42	2	18.18	2	18.18	1	9.09	6	54.55	100
Hochschullehrer	2	0.08	—	—	—	—	—	—	2	100	100
Akad.Lehrer a.höh.Sch.	42	1.61	7	16.67	11	26.19	—	—	24	57.14	100
Geistliche	62	2.38	30	48.39	6	9.68	—	—	26	41.93	100
Offiziere	32	1.23	2	6.25	10	31.25	—	—	20	62.50	100
Höhere Beamte	84	3.23	25	29.76	11	13.10	2	2.38	46	54.76	100
Ang. in leitd. Stellung	74	2.84	17	22.97	7	9.46	7	9.46	43	58.11	100
Selbst. Ärzte	38	1.46	15	39.47	1	2.63	—	—	22	57.90	100
Selbst. Zahnärzte . . .	3	0.12	2	66.67	—	—	—	—	1	33.33	100
Selbst. Tierärzte . . .	3	0.12	1	33.33	—	—	—	—	2	66.67	100
Selbst. Apotheker . . .	6	0.23	1	16.67	1	16.67	1	16.66	3	50.00	100
Selbst. Chemiker . . .	2	0.08	—	—	—	—	1	50.00	1	50.00	100
Rechtsanw., fr. ak. Ber.	17	0.65	7	41.18	—	—	—	—	10	58.82	100
Schriftst., Pr.-Gelehrte	5	0.19	4	80.00	—	—	—	—	1	20.00	100
Arch., Ziv.-Ing., Pat.-A.	37	1.42	11	29.73	1	2.70	7	18.92	18	48.65	100
Künstler	22	0.84	11	50.00	2	9.09	1	4.55	8	36.36	100
Mittl.Hand.-u.Gew.-Tr.	147	5.64	66	44.90	15	10.21	14	9.52	52	35.37	100
Obere Schicht	631	24.23	213	33.75	72	11.42	35	5.54	311	49.29	100
Mittl. Beamte	398	15.28	201	50.50	76	19.10	3	0.75	118	29.65	100
Volksschullehrer . . .	226	8.68	116	51.33	28	12.39	—	—	82	36.28	100
Ang. i. mittl. Stellung .	221	8.49	98	44.34	23	10.41	33	14.93	67	30.32	100
Freie nicht akad. Ber.	149	5.72	99	66.43	4	2.69	12	8.06	34	22.82	100
Selbst. Handwerker . .	207	7.95	122	58.94	21	10.15	11	5.31	53	25.60	100
Kleinhändl., Gastwirte	121	4.65	73	60.33	8	6.61	6	4.96	34	28.10	100
Mittl.u.Kleinlandwirte	226	8.68	119	52.66	36	15.93	2	0.88	69	30.53	100
Mittlere Schicht	1548	59.45	828	53.49	196	12.66	67	4.33	457	29.52	100
Unterbeamte	161	6.18	89	55.28	35	21.74	—	—	37	22.98	100
Ang. i. unterer Stellung	50	1.92	31	62.00	5	10.00	3	6.00	11	22.00	100
Gelernte Arbeit., nicht selbst. Handwerker	176	6.76	93	52.84	21	11.93	29	16.48	33	18.75	100
Ungel. Industriearbeit.	30	1.15	13	43.33	6	20.00	4	13.34	7	23.33	100
Ungel. Landarbeiter .	6	0.23	2	33.33	—	—	2	33.33	2	33.34	100
Ohne früh.u.jetz.Beruf	2	0.08	—	—	2	100	—	—	—	—	100
Untere Schicht	425	16.32	228	53.65	69	16.23	38	8.94	90	21.18	100
Insgesamt	2604	100	1269	48.73	337	12.94	140	5.38	858	32.95	100

Die berufliche

Beruf des Vaters			Vater ist: tätig		in Ruhe, in Pens.		arbeitsl.		tot		
		%		%		%		%		%	%
Beamte	1007	38.67	470	46.67	177	17.58	5	0.50	355	35.25	100
Großunternehmer . .	55	2.11	14	25.45	7	12.73	2	3.64	32	58.18	100
Kleinunternehmer . .	701	26.92	380	54.21	80	11.41	33	4.71	208	29.67	100
Angestelle	345	13.25	146	42.32	35	10.15	43	12.46	121	35.07	100
Freie Berufe	282	10.83	151	53.55	9	3.19	22	7.80	100	35.46	100
Arbeiter	214	8.22	108	50.47	29	13.55	35	16.35	42	19.63	100
Insgesamt	2604	100	1269	48.73	337	12.94	140	5.38	858	32.95	100

27.

Schichtung (Sommer 1931)

Beruf des Vaters	Anzahl der Kinder 1	%	2—3	%	4—6	%	7 u. dar.	%	%	Durchschnittl. Anzahl derKinder
Großgew., -Handel	5	11.36	27	61.36	10	22.73	2	4.55	100	3.09
Großgrundb., Pächter	2	18.18	3	27.27	6	54.55	—	—	100	3.45
Hochschullehrer	—	—	2	100	—	—	—	—	100	2.50
Akad. Lehrer a. höh. Sch.	5	11.90	17	40.48	16	38.10	4	9.52	100	3.69
Geistliche	3	4.84	18	29.03	26	41.94	15	24.19	100	5.08
Offiziere	5	15.63	18	56.25	9	28.12	—	—	100	2.91
Höhere Beamte	7	8.33	34	40.48	36	42.86	7	8.33	100	3.63
Ang. in leitd. Stellung	9	12.16	42	56.76	20	27.03	3	4.05	100	3.14
Selbst. Ärzte	3	7.90	24	63.16	9	23.68	2	5.26	100	3.24
Selbst. Zahnärzte	—	—	2	66.67	1	33.33	—	—	100	2.67
Selbst. Tierärzte	—	—	1	33.33	2	66.67	—	—	100	3.67
Selbst. Apotheker	1	16.67	3	50.00	1	16.66	1	16.67	100	3.17
Selbst. Chemiker	—	—	1	50.00	—	—	1	50.00	100	5.50
Rechtsanw., fr. ak. Ber.	3	17.65	9	52.94	4	23.53	1	5.88	100	3.24
Schriftst., Pr.-Gelehrte	1	20.00	4	80.00	—	—	—	—	100	2.00
Arch., Ziv.-Ing., Pat.-A.	2	5.41	20	54.05	12	32.43	3	8.11	100	3.51
Künstler	7	31.82	12	54.54	3	13.64	—	—	100	2.27
Mittl. Hand.-u. Gew.-Tr.	24	16.33	70	47.62	43	29.25	10	6.80	100	3.31
Obere Schicht	77	12.20	307	48.65	198	31.38	49	7.77	100	3.46
Mittl. Beamte	53	13.32	190	47.74	131	32.91	24	6.03	100	3.31
Volksschullehrer	16	7.08	109	48.23	75	33.18	26	11.51	100	3.84
Ang. i. mittl. Stellung	34	15.39	126	57.01	52	23.53	9	4.07	100	2.98
Freie nicht akad. Ber.	22	14.77	86	57.72	30	20.13	11	7.38	100	3.11
Selbst. Handwerker	20	9.66	89	43.00	81	39.13	17	8.21	100	3.67
Kleinhändl., Gastwirte	21	17.35	37	30.58	48	39.67	15	12.40	100	3.82
Mittl. u. Kleinlandwirte	9	3.98	53	23.45	94	41.59	70	30.98	100	5.38
Mittlere Schicht	175	11.31	690	44.57	511	33.01	172	11.11	100	3.71
Unterbeamte	15	9.32	86	53.42	47	29.19	13	8.07	100	3.37
Ang. i. unterer Stellung	9	18.00	28	56.00	10	20.00	3	6.00	100	3.08
Gelernte Arbeit., nicht selbst. Handwerker	25	14.20	88	50.00	49	27.84	14	7.96	100	3.76
Ungel. Industriearbeit.	4	13.33	12	40.00	7	23.34	7	23.33	100	4.07
Ungel. Landarbeiter	—	—	4	66.67	1	16.67	1	16.66	100	3.50
Ohne früh. u. jetz. Beruf	1	50.00	1	50.00	—	—	—	—	100	2.00
Untere Schicht	54	12.71	219	51.53	114	26.82	38	8.94	100	3.37
Insgesamt	306	11.75	1216	46.70	823	31.60	259	9.95	100	3.59

Gliederung

Beruf des Vaters	Anzahl der Kinder: 1	%	2—3	%	4—6	%	7 u. dar.	%	%	Durchschnittl. Anzahl derKinder
Beamte	104	10.33	474	47.07	340	33.76	89	8.84	100	3.58
Großunternehmer	7	12.73	30	54.54	16	29.09	2	3.64	100	3.16
Kleinunternehmer	74	10.56	249	35.52	266	37.94	112	15.98	100	4.17
Angestellte	52	15.07	196	56.81	82	23.77	15	4.35	100	3.03
Freie Berufe	39	13.83	162	57.45	62	21.98	19	6.74	100	3.12
Arbeiter	30	14.02	105	49.06	57	26.64	22	10.28	100	3.43
Insgesamt	306	11.75	1216	46.70	823	31.60	259	9.95	100	3.59

FSC
www.fsc.org
MIX
Papier | Fördert gute Waldnutzung
FSC® C083411

Kolibri 360 GmbH
Ferdinand-Jühlke-Straße 7
99095 Erfurt, Deutschland
produktsicherheit@kolibri360.de